В.М. Соловьёв

ИСТОРИЯ РОССИИ

В ФАКТАХ, ДАТАХ, ИЛЛЮСТРАЦИЯХ

Учебное пособие для изучающих
русский язык как иностранный

МОСКВА

2013

СОДЕРЖАНИЕ

ЗА ВЕКОМ ВЕК

XVII – XIX вв.

ОТ ИМПЕРИИ ДО ИМПЕРИИ

XIX – XX вв.

ЭПОХА ПЕРЕМЕН

XX – XXI вв.

ОТ АВТОРА

*История — свидетель прошлого, свет истины,
живая память, учитель жизни, вестник старины.*
Цицерон

*История — не просто чередование эпох и времён.
Это и бесконечная галерея
исторических портретов людей,
прошедших по земле.*
Д. Волкогонов

Дорогие друзья! Наша книга познакомит вас со многими важными событиями русской истории. Вы узнаете о том большом историческом пути, который прошёл русский народ, о том, как складывалась судьба страны, о том, как образовалась большая и могучая держава — Россия, какой путь прошла она сквозь века. Между древностью и днём сегодняшним существует тесная связь. Многие открытия, обычаи, традиции минувшего живы и теперь, и потомки бережно относятся к опыту и наследию предков.

Мы стремились показать Россию в отношениях с другими странами, представить историю России как часть мировой истории, рассказать о тех событиях мирового значения, в которых наша страна играла важную роль. Вы сможете убедиться в том, что Россия в своём развитии шла в общем русле с западными странами и что её роль в становлении мировой цивилизации огромна. Замечательно, что Россия — одна из двух стран мира, которая остаётся независимой в последние 500 лет.

Книга представляет собой подборку ярких фактов и сведений, которые позволят сформировать у вас системное представление об истории России.

История государства складывается из бесчисленных фактов, множества событий и судеб людей и целых поколений. Мы постарались описать в книге самые значимые, с нашей точки зрения, события, рассказать о замечательных людях, сыгравших важную роль в биографии страны.

В книге шесть разделов. Каждый из них посвящён определённому историческому периоду, это деление отражает ход самой истории.

Разделы содержат небольшие увлекательные рассказы, а также рубрики: «Загадки истории», «Интересные факты», «Исторический портрет», «Памятная дата». Тексты рубрик повествуют о различных исторических событиях, о личностях, сыгравших заметную роль в истории Российского государства и в мировой истории.

Материал сгруппирован так, что книгу можно читать не от начала до конца, а выбирать любой нужный фрагмент.

В книге вы найдёте множество иллюстраций. Вы познакомитесь с произведениями русских художников, увидите редкие фотографии и различные карты. Иллюстрации не только помогут лучше усвоить материал, но и позволят представить людей, которые жили в давние времена, и события, о которых идёт речь.

Важное место в книге отведено истории культуры. Ведь памятники культуры — это лучшее наследие прошедших поколений. Они передают дух и колорит исторической эпохи, хранят знания о том, как наши предки смотрели на мир, как ощущали своё время.

Книга «История России в фактах, датах, иллюстрациях» отличается тем, что при сравнительно небольшом объёме в ней сконцентрирован обширный материал. Здесь показан период от глубокой древности до наших дней, от того момента, когда в 862 году на берегах озера Ильмень был построен первый русский город Ладога, и до сегодняшней России. Вы узнаете, как из небольшого поселения выросла огромная страна, как развивалась и крепла Россия от века к веку.

Адресат книги очень широк. Она предназначена иностранцам, изучающим русский язык, учащимся национальных школ России, детям-иммигрантам, которые обучаются в российских школах, детям эмигрантов, желающим сохранить русскую культуру. Книга будет полезна учителям русских и зарубежных школ, преподавателям вузов и курсов РКИ и всем, кто интересуется русской историей и культурой.

Надеемся, что чтение этой книги принесёт вам большую пользу, ведь знание истории — ключ к пониманию национального характера и культуры.

Желаем увлекательного путешествия по страницам русской истории!

НАИБОЛЕЕ ВАЖНЫЕ СОБЫТИЯ РОССИЙСКОЙ ИСТОРИИ

988 г.
Крещение Руси

1147 г.
Основан город Москва

XIII–XV вв.
Зависимость Руси
от Золотой Орды

8 сентября 1380 г.
Куликовская битва

1480 г.
Стояние на Угре. Русь
перестала зависеть от Орды

4 ноября 1612 г.
Освобождение Москвы
от польских захватчиков

1613 г.
Начало династии
Романовых

1649 г.
Принято Соборное уложение,
начало крепостного права в России

1670–1671 гг.
Крестьянское восстание под
предводительством Степана Разина

1689–1725 гг.
Годы правления Петра I

1709 г.
Полтавская битва

май 1703 г.
Основание Санкт-Петербурга

1724 г.
Учреждена Петербургская Академия наук
и открыт первый в России музей (Кунсткамера)

1755 г.
Основан Московский
университет

1757 г.
Открыта Академия
художеств

1773–1775 гг.
Крестьянское восстание под
предводительством Емельяна Пугачёва

1812 г.
Отечественная война
России с Францией

14 декабря 1825 г.
Восстание декабристов

60–70-е. гг. XIX в.
Великие реформы
в России

19 февраля 1861 г.
Отмена крепостного
права в России

1905–1907 гг.
Первая революция
в России

1914–1918 гг.
Первая мировая война

февраль 1917 г.
Февральская революция

октябрь 1917 г.
Октябрьская революция

1918–1922 гг.
Гражданская война

декабрь 1922 г.
Образование СССР

сентябрь 1939 г.
Начало Второй
мировой войны

22 июня 1941 г.
Начало Великой
Отечественной войны

сентябрь 1941 – апрель 1942 г.
Битва за Москву

сентябрь 1941 – январь 1944 г.
Блокада Ленинграда

9 мая 1945 г.
День победы советских войск
над фашистскими захватчиками

4 октября 1957 г.
Запуск первого искусственного
спутника Земли

12 апреля 1961 г.
Полёт Ю.А. Гагарина
в космос

1991 г.
Распался СССР

КАМЕННЫЙ ВЕК

В середине прошлого — XX века — на Южном Урале на стенах Каповой пещеры археологи обнаружили рисунки: светло-красные изображения животных: семь мамонтов, два носорога, три лошади. На первый взгляд, ничего особенного: рисунки как рисунки, звери как звери.

Удивительно, что рисунки дошли до нас из далёкой-предалёкой древности. Как установили учёные, этим рисункам больше 30 тысяч лет!

Их сделали первобытные люди каменного века — самой продолжительной эпохи в истории человечества. Интересно, что светло-красная краска, которой нанесены эти изображения, оказалась невероятно стойкой, и потому древнейшая пещерная живопись сохранилась до наших дней.

В каменном веке первобытный человек широко использовал камень. Из камня были его орудия труда — рубила, топоры, скребла, ножи, проколки, свёрла. Оружие, с которым люди охотились и защищались от врагов, тоже делали из камня. Стрелы, копья, гарпуны с острыми кремневыми наконечниками помогали древнейшему человеку выжить среди дикой природы.

Стоянка первобытных людей

ЗАГАДКИ ИСТОРИИ

Для чего понадобилось людям изображать внутри пещеры животных? Причём фигуры зверей выписаны очень искусно и старательно. Они хорошо передают размер, повадки, мощь, силу. По одной из версий, изображения животных на стенах пещеры служили своеобразными ритуальными мишенями. Перед охотой люди метали в них копья, и, если попадали в голову или в сердце, это предвещало хорошую добычу. Промах означал неудачу, затяжную и опасную схватку со зверем.

ИНТЕРЕСНЫЕ ФАКТЫ

В глубокой древности на Урале, где и сегодня суровые зимы, водились гигантские шерстистые слоны — мамонты с длинными изогнутыми бивнями, и дикие лошади. Ни тем, ни другим стужа была не страшна. А вот откуда взялись на Южном Урале носороги? Ведь эти животные, как известно, очень теплолюбивы и в настоящее время обитают только в жаркой Африке и знойной Южной Азии.

Оказывается, в каменном веке на земле жили огромные, до пяти метров высотой, волосатые носороги, которым холодный климат был не страшен. Их мясо и жир использовали в пищу, толстой шкурой утепляли жилище, а из костей изготавливали всякие полезные вещи от иглы, шила, рыболовных крючков до каркаса для жилищ-палаток. На каркас набрасывали шкуры, которые не пропускали ветер и хранили тепло.

Изображение животных в Каповой пещере

Оружие и орудия труда из камня

Украшения
древних славянок XI в.

О ДРЕВНИХ СЛАВЯНАХ

Происхождение славян окутано тайной, и наука до сих пор не дала точного ответа на этот вопрос. Но языки, на которых говорят славяне, родственные и принадлежат к одной из самых крупных в мире языковых семей — индоевропейской.

Большая часть (85 %) населения современной России — восточные славяне. Это русские, украинцы и белорусы. У них общие предки — праславяне.

IV–VII вв. н.э. — великое
переселение народов

ИНТЕРЕСНЫЕ ФАКТЫ

Сохранились записи византийских авторов о славянах, в том числе и такая: «…свободные, они никоим образом не склонны ни стать рабами, ни повиноваться… Они многочисленны и выносливы, легко переносят и зной, и стужу, и дождь, и наготу тела, и нехватку пищи… У них множество разнообразного скота и злаков… Живут они среди лесов, болот и труднопроходимых озёр, устраивая много, с разных сторон, выходов из своих жилищ…»

Если на славянское поселение внезапно нападали отряды чужеземцев, то славяне бросались врассыпную, прятались в дремучих лесах, а иногда погружались на дно реки или озера, дыша в воде через трубочку из толстого камыша. Так они могли просидеть очень долго, пока не минует опасность.

Но славяне редко убегали от неприятелей. Гораздо чаще они смело принимали бой и в схватке с врагом были бесстрашны. Они сражались отважно и упорно. Оружие славян — короткие копья и деревянные щиты. Ещё у славян были стрелы, наконечники которых мазали смертоносным ядом.

Врагам славяне давали отпор, зато гостям были искренне рады. В знак дружбы и расположения от всего сердца подносили им угощенье. Обычай встречать дорогого гостя хлебом и солью существует в России и сегодня.

Славянский
посёлок.
Н. Рерих

Реконструкция головы
девушки, которая жила в XI в.
на территории современной
Москвы. М. Герасимов

О РУССКИХ ЛЕТОПИСЯХ

Многие сведения о древних славянах дошли до нас из русских летописей. Летописи составляли из года в год — от лета до лета, и описывали важные события, происходившие в жизни людей. Самый известный сборник летописей — «Повесть временных лет» («Повесть о прошедших временах»). Он составлен в XII веке.

Из летописей мы знаем, что в древности было много славянских племён: поляне, древляне, радимичи, вятичи, кривичи, словене и другие. Это предки современных русских, украинцев и белорусов.

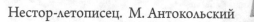

Нестор-летописец. М. Антокольский

РУССКАЯ ЗЕМЛЯ

Как рассказывает «Повесть временных лет», история Руси началась на берегах озера Ильмень. Это северная часть современной России. Здесь появились первые русские города — Ладога и Новгород.

А первым русским правителем — князем — был Рюрик. Его в 862 году пригласили из варяжской земли — так называли в ту пору Скандинавию.

Рюрик не был славянином. Почему же славяне выбрали его князем? Вот что говорит об этом «Повесть временных лет». Славяне долго спорили о том, кому быть главным. Каждый считал себя самым лучшим и не хотел уступать другим. И тогда решили пригласить к себе на княжение не соплеменника, а выходца из чужих краёв. Они выбрали храброго варяжского военачальника Рюрика. Тот приглашение принял и вскоре прибыл в славянскую землю с отрядом своих воинов. Летопись говорит, что Рюрик княжил в Новгороде.

Управляемые Рюриком земли всё чаще стали называть Русью, а их жителей — *русичами*, *русами*, *русинами*, а позднее — *русскими*.

После смерти Рюрика, пока не вырос его сын Игорь, князем у славян был Олег. Он покорил города Смоленск, Любеч и Киев.

Древний город Киев находился намного южнее Новгорода. В Киеве был тёплый климат и плодородная земля. Но самое важное — Киев располагался в самом центре восточнославянских земель и имел удобные торговые пути.

> 862–879 гг. — княжение Рюрика
> IX–XVI вв. — правление династии Рюриковичей

Двор удельного князя. А. Васнецов

ИНТЕРЕСНЫЕ ФАКТЫ

Городом в те давние времена называли огороженную со всех сторон стеной территорию, хорошо защищённый населённый пункт.

Заморские гости.
Н. Рерих

Варяги.
В. Васнецов

ПОБЕДА ЗА ПОБЕДОЙ

Талантливый военачальник и храбрый воин, Олег победил хазар. Хазары — это воинственный кочевой народ, который часто нападал на Русь. Хазарские воины собирали большую дань со славян, грабили города и селения.

Когда Олег победил хазар, он заставил их самих платить ему дань. А земли тех славян, которые раньше были под властью кочевников, присоединил к своим владениям.

После победы над хазарами Олег покорил другие славянские племена, а потом решил помериться силами с могучей Византией.

В 907 году Олег собрал военный поход, чтобы отправиться в столицу Византии — город Царьград (так славяне называли Константинополь — современный Стамбул).

Воины Олега продвигались и по воде, и по суше. Однажды, когда Царьград был совсем близко, корабли Олега вдруг не смогли плыть дальше: они сели на мель. Тогда находчивый Олег приказал вытащить корабли на берег и поставить их на колёса. Так русские воины продолжили свой путь: по суше, но на парусах.

Греки побоялись вступать в сражение со славянскими воинами и предложили решить дело миром. Они обязались выплачивать русским хорошую дань, а русские в свою очередь не должны были больше приходить войной на Византию. Олег принял эти условия и в знак своей военной удачи повесил на вратах Царьграда победный щит.

882–885 гг. — княжение Олега в Киеве
907 г. — поход Олега на Царьград

Олег прибивает свой щит на врата Царьграда.
Ф. Бруни

Князь Олег

Сбор дани князем.
Н. Рерих

ИСТОРИЧЕСКИЙ ПОРТРЕТ

Вещий Олег

Люди прозвали князя Олега Вещим, то есть мудрым, знающим то, что другим знать не дано. Олег действительно умел многое предвидеть, будто ему заранее был известен ход событий.

По легенде, один прорицатель предсказал, что конь станет причиной смерти князя Олега. Князь очень любил своего верного коня, но всё же отнёсся к предостережению серьёзно и расстался с конём.

Через несколько лет пророчество всё же сбылось: князь Олег оказался на том месте, где был похоронен его любимый конь. В этот момент из черепа коня выползла ядовитая змея и укусила князя. От укуса змеи Олег умер.

Легенде о князе Олеге посвящено произведение «Песнь о вещем Олеге» великого русского поэта А.С. Пушкина.

Есть сведения, что на самом деле Олег был убит во время похода на Каспий.

ОДНА ВЛАСТЬ — ОДНА ВЕРА

Восточные славяне были язычниками, то есть верили во многих богов и поклонялись силам природы. Главными божествами были громовержец, властелин неба и грозы Перун, повелители огня и солнца — Сварог и его сын Даждьбог. Ещё славяне почитали Мать Сыру-Землю, которую считали матерью всех живых существ и растений.

Главным среди славянских богов был владыка небесный Перун — самый сильный и могущественный бог. У русских князей была клятва: «Клянусь Перуном!» Её произносили как торжественное обязательство быть верным своему слову и от него не отступать.

По представлениям славян, окружающий мир населяли различные духи. Хозяином леса был леший, на реках и озёрах властвовал водяной, а домашняя жизнь человека зависела от воли домового. Кроме того, в лесах и болотах было много всяких волшебных существ: Баба-яга, Кощей Бессмертный, Змей Горыныч, русалки…

О том, каким представлялся славянам окружающий мир, мы узнаём из русских народных сказок и былин.

Все русские знают стихи А.С. Пушкина:
Там чудеса, там леший бродит,
Русалка на ветвях сидит…

988 г. — Крещение Руси
980–1015 гг. — княжение Владимира Святославича

Поклонение идолам

Крещение князя Владимира. В. Васнецов

Крещение

Сначала в каждой восточнославянской земле, у каждого славянского племени были свои вожди, старейшины и князья. Но вот настало время, когда над всеми восточными славянами установилась власть великого князя киевского. Установил единую власть князь Владимир Святославич, внук Игоря.

Для того чтобы закрепить эту власть, была принята новая вера — христианство. И в 988 году во время правления князя Владимира Святославича (ок. 960–1015) на Руси было принято крещение. Теперь единая власть стала опираться на единую веру и, Русь, как и Византия, стала христианской страной.

ИСТОРИЧЕСКИЙ ПОРТРЕТ

Владимир — Красное Солнышко

Люди прозвали князя Владимира Святославича Красным Солнышком. Летописи говорят, что Владимир до и после крещения — это как два разных человека. Первый был великим грешником, вёл дурную жизнь, обижал людей, ни в чём не желал знать меры. Приняв православную веру, он вдруг изменился. Стал добрым, отзывчивым, помогал нуждающимся, больным и немощным. И славили на Руси князя Владимира за милости его. Потому и в народной памяти, и в стародавних песнях-былинах князь предстаёт благодетелем, принёсшим на русскую землю свет христианства.

ЗА ЕДИНЕНИЕ

У князя Владимира Святославича был сын Ярослав (978–1054). За ясный ум и благотворное для Руси правление он получил в народе прозвание Мудрый.

Ярослав был талантливым, не знавшим поражений полководцем. Он успешно воевал с финскими племенами, ходил в землю литовскую и польскую, победил воинственных степных воинов — печенегов.

Князь Ярослав Мудрый расширил границы русского государства. Он был не только отличным воином, но и хорошим правителем. При князе Ярославе на Руси строили города, открывали школы, торговали с разными странами. Благодаря разумному внутреннему устройству и умелой власти князь смог улучшить жизнь в русском государстве.

ЗАКОН И ПОРЯДОК

Современники отзывались о Ярославе Мудром как об установителе правды и справедливости и даже именовали его Правосудом. Большая заслуга Ярослава Мудрого заключалась в том, что в его правление был составлен первый на Руси письменный свод законов — «Русская Правда». Этот свод помог обеспечить порядок в государстве. За каждое нарушение порядка и каждое преступление теперь следовало определённое наказание, установленное в соответствии с виной.

Много усилий прилагал Ярослав Мудрый для укрепления православной веры. При нём, например, были возведены знаменитые Софийские соборы в Киеве и Новгороде. Он был основателем городов Ярославль и Юрьев.

Ярослав знал грамоту, любил читать и за книгами проводил иногда дни и ночи напролёт. Он устроил при Софийском соборе в Киеве первую на Руси библиотеку и открыл училище, где обучались триста мальчиков. Князь очень хотел, чтобы все поняли, как велика польза от учения книжного. «Чем больше будет грамотных людей в стране, — говорил он, — тем лучше».

ИСТОРИЧЕСКИЙ ПОРТРЕТ

Ярослав Мудрый

Ярослав Мудрый прожил долгую и славную жизнь и умер в 75 лет в почёте и уважении. Он не любил войны, однако немало повоевал, был отважен в битве и щедр к дружине. Даже хромота не мешала ему быть одним из лучших на поле боя. Много труда и сил положил Ярослав, чтобы пресечь войны и раздоры между князьями и добиться единения Русской земли.

Ярослав был не только искусным правителем и военачальником, но и отличным дипломатом. Монархи первых стран тогдашнего мира считали за честь породниться с русским князем.

Ярослав Мудрый. Скульптурная реконструкция М. Герасимова

Софийский собор в Киеве. Реконструкция

1019–1054 гг. — княжение Ярослава Мудрого

Софийский собор в Новгороде

ИНТЕРЕСНЫЕ ФАКТЫ

Распространённым способом решить, кто прав, кто виноват, было, по «Русской Правде», испытание огнём. Считалось, что если человек невиновен, он бесстрашен и сможет вытащить из огня раскалённый брусок железа и не обожжётся. Виновный, чья совесть не чиста, или не решится на такое испытание, или пострадает от ожогов.

Суд во времена «Русской Правды». И. Билибин

ИНТЕРЕСНЫЕ ФАКТЫ

Ярослав Мудрый был женат на шведской королевне Ингигерде (Ирине). Одну свою дочь Анну он выдал замуж за французского короля Генриха I, другую — Елизавету — за норвежского короля Гаральда, а младшую — Анастасию — за венгерского короля Андрея. Сыновья Ярослава Вячеслав и Святослав были женаты на немецких княжнах, Изяслав — на сестре польского короля Казимира, Всеволод — на дочери византийского императора Константина.

Памятник Ярославу Мудрому в Ярославле

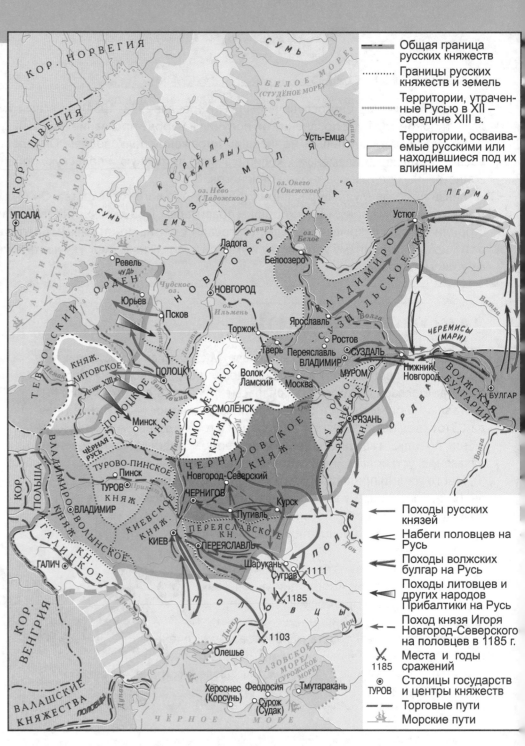

Древняя Русь. XII–XIII вв.

Условные обозначения:

- Общая граница русских княжеств
- Границы русских княжеств и земель
- Территории, утраченные Русью в XII – середине XIII в.
- Территории, осваиваемые русскими или находившиеся под их влиянием
- Походы русских князей
- Набеги половцев на Русь
- Походы волжских булгар на Русь
- Походы литовцев и других народов Прибалтики на Русь
- Поход князя Игоря Новгород-Северского на половцев в 1185 г.
- Места и годы сражений
- Столицы государств и центры княжеств
- Торговые пути
- Морские пути

БЕРЕЧЬ И КРЕПИТЬ

Умирая, Ярослав Мудрый завещал беречь и крепить Русь. Ведь при нём, как сказано в летописи, «была великая тишина на Русской земле». Это означает, что не было войн и распрей, люди мирно жили и трудились.

Но после смерти Ярослава его сыновья стали бороться за престол в Киеве. Начались между ними раздоры и неурядицы. Острое соперничество, оспаривание друг у друга власти привели к большим жертвам, кровопролитию и ослаблению Руси. Этим воспользовались кочевники-половцы, жившие в степях между Волгой и Дунаем. Всё чаще и чаще они нападали на русскую землю, захватывали богатую добычу, уводили в свой стан множество пленных.

Древнерусский город Любеч. Реконструкция

Шапка Мономаха — древний венец русских великих князей и царей

Монета времён Владимира Мономаха

Владимир Мономах

Губительные распри раздирали Русь. И тогда князь Владимир Всеволодович, по прозвищу Мономах — внук Ярослава Мудрого, призвал всех русских князей забыть счёты и обиды, объединиться и дать жестоким половцам отпор.

Воинским искусством и мудростью Владимир Мономах (1053–1125) был достоин своего деда — Ярослава Мудрого. Владимир Мономах возглавил поход против половцев и победил их. После этой победы русских воинов половцы долго не появлялись на Руси.

Ссоры между князьями утихли. По предложению Мономаха князья собрались в городе Любече на съезд и дали такую клятву: «Да будет земля русская общим отечеством, а кто восстанет на брата, на того мы все восстанем».

Мономаха считают основателем города Владимира в 1108 году. Этот город стал одним из культурных центров Древней Руси, столицей княжества и резиденцией русских князей. Здесь строили храмы, составляли летописи, вели торговлю.

1113–1125 гг. — княжение Владимира Мономаха

На склоне лет Мономах написал «Поучение» — напутствие своим детям. В этом напутствии князь рассказал о своей жизни и о том, что нужно делать, чтобы оставить после себя доброе имя. Для этого, по мысли Мономаха, есть лишь один способ — добрые дела.

Советы Мономаха ясны и коротки: «Не ленитесь. Что умеете хорошо, то не забывайте, а чего не умеете, тому учитесь. Остерегайтесь лжи. Чтите гостя. Не пропустите человека, не поприветствовав его, и доброе слово ему скажите».

Владимир Мономах был страстным охотником. Он ловил и укрощал диких коней, выходил победителем из схваток с медведями, кабанами, огромными турами и оленями.

Золотые ворота во Владимире — парадный въезда в город

ВЛАДИМИРО-СУЗДАЛЬСКАЯ РУСЬ

В XII веке Русь распалась на самостоятельные княжества. Киев перестал быть общей столицей, а великий князь киевский утратил положение самого главного. Теперь центр Руси переместился с юга на северо-восток, в Залесье — большой и богатый край, окружённый густыми лесами и широкими реками.

Спасаясь от набегов кочевников, многие жители южной Руси перебрались в более безопасные северные места. Освоение территорий между реками Окой и Волгой шло быстро. Чем больше слабело Киевское княжество, тем крепче и сильнее становилось новое княжество — Суздальское. Столицей этого княжества сначала был город Суздаль, а потом Владимир.

Владимир назван по имени князя Владимира Мономаха, который основал этот город. Ни величием, ни красотой, ни замечательными строениями он не уступал Киеву и даже мог с ним соперничать своими великолепными белокаменными храмами. Княжество стало именоваться Владимирским.

1108 г. — основан город Владимир
1147 г. — основан город Москва

Владимирская икона Божией Матери — одна из самых чтимых реликвий русской православной церкви. Считается чудотворной

Золотой лев — древний герб города Владимира

Дмитриевский собор во Владимире. Построен в 1194–1197 гг.

Резиденция князя Андрея Боголюбского в Боголюбове под Владимиром

Юрий Долгорукий

Прозвище Долгорукий князь Юрий получил не за длину своих рук, а за стремление увеличить свои владения, прибрать к рукам другие земли. Некоторое время Юрий даже правил Киевом, собирался присоединить Новгород, а города и поселения, близкие к Суздалю и Владимиру, давно

**Памятник
Юрию Долгорукому
в Москве**

были в его власти! Силой, уговорами, обещаниями, подарками или хитростью он добивался своего, и его княжество увеличивалось.

Был он настойчив и напорист. Если что-то решил, ни за что не отступал и не отказывался от намеченной цели, стремился её достичь всеми силами.

Заядлый охотник, он и зверя преследовал так же упорно и без добычи домой не возвращался. А на охоту князь выезжал не только с гончими псами, но и с приручённой рысью — хищником, от которого не мог уйти даже быстроногий олень.

ПО КНЯЖЬЕЙ ВОЛЕ

У Юрия Долгорукого был сын Андрей. За то, что он любил читать Библию и много молился, Андрея прозвали Боголюбским.

Андрей Боголюбский (1111–1174) заботился о расширении княжества и об его обустройстве. Человек крутой и властный, он требовал, чтобы всё было по его, княжьей, воле, иначе наказывал. Андрей казнил и карал без пощады и легко обращал оружие против тех, кого считал врагами.

При нём развернулось на Руси невиданное строительство, и новые потоки переселенцев, в основном люди умелые, мастеровитые, хлынули с юга Руси на северо-восток в поисках твёрдого заработка и лучшей жизни.

И до того окрепло и усилилось Владимирское княжество, что Андрей Боголюбский пошёл военным походом на Киев и разорил его, а через год пытался завоевать Новгород, но потерпел поражение.

В стремлении утвердить свою власть на всей Руси Андрей Боголюбский многого достиг. Но в его ближайшем окружении созрел заговор, и князя убили собственные слуги.

Андрей Боголюбский.
Реконструкция М. Герасимова

Церковь
Покрова на Нерли.
1165 г.
Выдающийся
памятник
архитектуры

Крепость Москва

При суздальском князе Юрии Владимировиче Долгоруком (1090–1157) было заложено много новых городов и среди них — Москва.

Сейчас Москва — столица России и один из самых больших городов мира. Тогда же — почти девять веков назад — Москва была небольшой деревянной крепостью. Впервые о Москве упоминается в летописи 1147 года, и эту дату принято считать временем основания города.

НАШЕСТВИЕ

В XIII веке Русь попала в зависимость от завоевателей — монголо-татар. Их бесчисленные кочевые племена с огнём и мечом прошли по многим странам и землям. В распоряжении монголо-татар были превосходные осадные машины и великолепная конница. В короткие сроки монголы преодолевали огромные расстояния. Благодаря отлично поставленной военной разведке они заранее знали, где, кто и что их ждёт.

Разгромив китайские войска, монголо-татары стремительно продвигались с востока на запад. Они достигли Волги, Кавказа, Польши, Венгрии, Болгарии, Словении. Военные успехи монголов объяснялись не только их большой численностью, но и железной дисциплиной и невероятной выносливостью воинов.

Оборона Рязани (диорама Е. Дешалыта)

ИНТЕРЕСНЫЕ ФАКТЫ

Богатырь и чудовище

Монголо-татарское войско было так велико, что если выстроить воинов, то начало войска было в одном русском городе, а конец — в другом. Татары всё время пополняли свои ряды свежими силами, а русские без подкрепления бились без сна и отдыха до смертного часа. Так и появилась сказка о богатыре и чудовище-змее, у которого отрубленные головы тут же вновь вырастают да ещё в большем количестве. Ведь нередко на одного русского воина приходилось по десять-двадцать батыевых!

Нашествие монголов

ЗОЛОТАЯ ОРДА

Непобедимый монгольский полководец хан Батый одно за другим разгромил разобщённые русские княжества. Начал с Рязанского, потом завоевал Владимирское, а затем обрушился на Южную Русь: пали Переславль, Чернигов, Киев, подверглась разорению Галицкая земля…

Батый основал сильное государство — Золотую Орду. Каждое русское княжество признало власть великого хана и вынуждено было платить ему дань.

Русь находилась в зависимости от Орды, контролировалась ханскими наместниками — баскаками, но при этом сохраняла свою государственность, свою веру и свою культуру. Русские князья хорошо понимали, что с могучей Ордой им ни вместе, ни по отдельности не справиться и самое правильное и разумное — до поры до времени не воевать с монголами. Лучше получить их поддержку в борьбе с соперниками и завоевателями с Запада, вторгавшимися на русские земли. Ордынский хан (его называли царь) занял место, которое прежде принадлежало главному киевскому князю.

Хан Батый.
Китайская миниатюра

1243 г. — основана Золотая Орда

1238, 1244, 1244 гг. — нашествия на Русь хана Батыя

1241–1242 гг. — нашествия монголов на центральную Европу

XIII—XV вв. — зависимость Руси от Золотой Орды

ЕДИНОБОРСТВО

В кровавом единоборстве монголо-татары завоевали Русь. Везде они встречали отпор, всюду сталкивались с яростным сопротивлением. Например, летопись сохранила историю о том, как семь недель штурмовали захватчики маленький русский город Козельск, который прозвали злым городом. Под стенами Козельска погибло не меньше четырёх тысяч воинов Батыя.

Сохранилось в летописи и предание о русском богатыре Евпатии Коловрате из Рязани. С дружиной смельчаков он так искусно сражался с врагами, что нанёс им ощутимый урон, но сам погиб на поле боя.

Оборона Козельска.
Миниатюра. XVI в.

НА СЕВЕРЕ РУСИ

Полчища Батыя обошли стороной русский город Великий Новгород. Но в это же время шведы и немцы пытались захватить богатые севернорусские земли.

Во главе новгородской рати встал молодой русский князь Александр Ярославич. В 1240 году в битве на реке Неве войско Александра разбило шведов. За эту победу Александр получил почётное прозвание — Невский. В это время Александру было всего 19 лет.

А через два года дружина Александра Невского на льду Чудского озера разгромила сильное войско немецких рыцарей. Сражение с немецкими рыцарями вошло в историю как Ледовое побоище. Из-за того, что немецкие рыцари были одеты в тяжёлые доспехи, лёд под ними проломился, и большая часть войска утонула.

Берестяные грамоты

Многое о том, как жили древние новгородцы и чем занимались, мы знаем из берестяных грамот. Береста — верхний слой берёзовой коры — служила материалом для письма. На бересте писали письма, вели деловую документацию. Большинство новгородцев были грамотными.

Сотни берестяных грамот уцелели и дошли до наших дней. И всё благодаря песчаной почве, которая сохранила «берестяную библиотеку» в хорошем состоянии.

Берестяная грамота

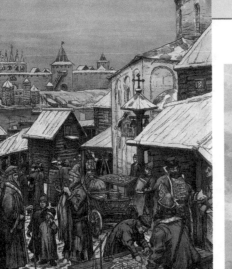

Новгородский торг. В. Васнецов

1236–1263 гг. — княжение Александра Невского

15 июля 1240 г. — битва со шведами на Неве

5 апреля 1242 г. — разгром немецких рыцарей на Чудском озере

Александр Невский

Князь Александр Невский (1221–1263) был не только отважным воином и искусным полководцем, но и человеком ясного ума, способным и разумным правителем. Он считал, что Золотая Орда слишком сильна, и лучше поддерживать с ханом мир и платить ему дань, чем вступать в вооружённое столкновение. Он так и делал, тем самым обеспечил Великому Новгороду безопасность, дал возможность избежать горькой участи других русских земель, где царили упадок и запустение.

Иначе вёл себя родной брат Александра Невского Андрей Ярославич — великий князь Владимирский. Он выступил со своей ратью против монголов, но был разбит. Сам Андрей бежал в Швецию, а земли его разорило и опустошило войско разгневанного хана.

В отличие от брата, Александр Невский поддерживал мир с Ордой, считая, что час для открытой борьбы ещё не настал. И не было за одиннадцать лет княжения Невского ни одного набега монголов на Великий Новгород.

Александр Невский. П. Корин

ПЕРВОЕ НА РУСИ

Взвешенно и тонко выстроил отношения с Золотой Ордой внук Александра Невского князь Иван Данилович (1283–1340). Князем московским Иван стал в 1325 году. Расчётливый и хитрый, он был любимцем хана, и тот в знак милости и расположения поручил Ивану Даниловичу собирать для Орды дань с русских земель. Часть дани Иван Данилович утаивал в свою пользу, за счёт чего Московское княжество богатело и крепло и вскоре стало первым на Руси.

ИСТОРИЧЕСКИЙ ПОРТРЕТ

Иван Калита

Народ прозвал князя Ивана Даниловича Калитой, что на языке того времени означало «сумка с деньгами». Прозвище это первоначально было дано Ивану Даниловичу потому, что без калиты он на людях не появлялся и всегда щедро одаривал нищих мелкой монетой. Со временем прозвание приобрело другой смысл: человек бережливый, умеющий копить деньги.

Иван Калита
(Иван I)

Московский Кремль при Иване Калите. А. Васнецов

ИНТЕРЕСНЫЕ ФАКТЫ

Во времена Ивана Калиты Московский кремль был деревянным. Его стены и башни были сложены из толстых дубовых брёвен.

Кремль представлял собой надёжную крепость. Даже в случае длительной осады жители города чувствовали себя в безопасности за мощными и неприступными стенами Кремля.

ДРУГОЙ ВЫБОР

Некоторые русские князья не желали признавать власть Золотой Орды и сделали другой выбор: искали военной помощи на Западе. Например, князь Даниил Романович, во владении которого были земли на юге Руси, попытался создать военный союз государств для борьбы с Ордой. Но это привело к тому, что большое княжество распалось, и его захватили и поделили между собой литовские князья, польские и венгерские короли, навязав местному русскому населению католическую веру.

РАЗДЕЛЕНИЕ

В XIV веке Русь оказалась разделённой на три части: одна — под Ордой, другая — под Польшей и Венгрией, третья — под Литвой. Так началось отъединение северо-восточной (Московской) Руси от западных и юго-западных русских земель — будущих Украины и Белоруссии.

Но общие славянские корни и исторические судьбы не дали народам разобщиться. Они оставались близки друг другу и были тесно связаны между собой.

ПО ЗОВУ ВЕЛИКОГО КНЯЗЯ

При великом князе Дмитрии Ивановиче Донском (1350–1389), который был внуком Ивана Калиты, Московское княжество стало самым сильным на Руси. Отстроилась и похорошела его столица — Москва. Вместо прежнего деревянного был поставлен белокаменный кремль — надёжная крепость. Стены кремля не боялись огня. С тех пор Москву стали называть белокаменной.

Главных своих соперников — князей рязанского и тверского — Дмитрий Иванович заставил признать верховенство Москвы.

1359–1389 гг. — княжение Дмитрия Донского
1367–1368 гг. — в Москве построен кремль из белого камня

Белокаменный кремль при Дмитрии Донском. А. Васнецов

Щиты русских воинов

Утро на Куликовом поле. А. Бубнов

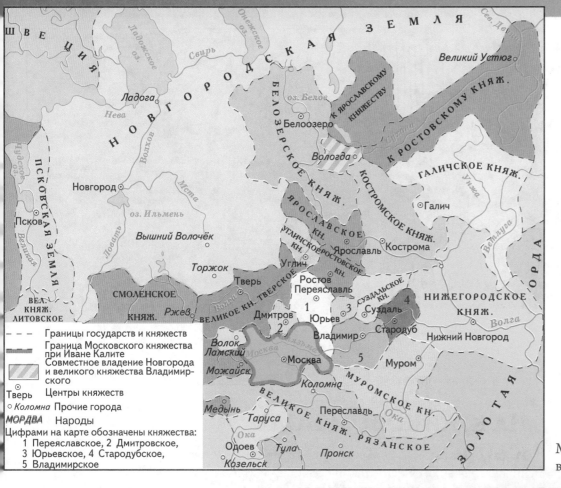

Московское княжество
в XIV в.

Границы государств и княжеств

Граница Московского княжества при Иване Калите

Совместное владение Новгорода и великого княжества Владимирского

Тверь Центры княжеств

Коломна Прочие города

МОРДВА Народы

Цифрами на карте обозначены княжества:
1 Переяславское, 2 Дмитровское,
3 Юрьевское, 4 Стародубское,
5 Владимирское

ВЫЗОВ

Зависимость от Орды тяготила князя Дмитрия, но он оставался подвластным ей. Правда, в самой Орде в середине XIV века не было прежнего порядка и согласия. Её раздирала междоусобная вражда. Главенство в Орде оспаривали двое — хан Тохтамыш и военачальник Мамай, который, хоть и не был ханского рода, претендовал на роль правителя. Воспользовавшись их взаимной распрей, князь Дмитрий Иванович решил не спешить отдавать дань, тем более что её требовали и тот и другой.

Мамай объявил Русь своей данницей, но ожидаемой дани так и не получил. Тогда он послал на Русь большой отряд. Князь Дмитрий тоже собрал войско, которое выступило навстречу монголам. В 1378 году на берегах реки Вожи, которая течёт южнее Оки, ордынцы потерпели первое сокрушительное поражение. Это было неслыханно! Дерзкий вызов Москвы не мог оставаться без ответа.

Дмитрий
Донской.
Ю. Кугач

ИСТОРИЧЕСКИЙ ПОРТРЕТ

Дмитрий Донской

Московский князь Дмитрий Иванович Донской был талантливым полководцем и дипломатом, он обладал завидной выдержкой и хладнокровием.

Современники рассказывают, что Дмитрий Иванович отличался силой духа, твёрдостью характера, волей и бесстрашием. Князь умел находить союзников и объединять их против общего противника. Если Дмитрий ставил перед собой цель, он обязательно её добивался, преодолевая любые препятствия.

Дмитрий был высоким, широкоплечим, сильным и крепким.

Умер князь в самом расцвете сил от тяжёлой болезни, когда ему не было даже сорока лет.

ВОЙСКО НА ВОЙСКО

Разгневанный Мамай стягивал силы, чтобы идти на Русь и проучить непокорного московского князя, который посмел не выполнить его волю да ещё и выступил против монголов с оружием. Но Дмитрий под тем предлогом, что Мамай — незаконный владыка Орды, готовился дать отпор. По зову великого князя под знамёна Москвы встали дружины почти со всей Руси.

8 сентября 1380 г. — Куликовская битва

ПАМЯТНАЯ ДАТА

Куликовская битва

Победа на Куликовом поле была одержана русскими. Военному и политическому могуществу Орды был нанесён серьёзный удар. Куликовская битва не положила конец зависимости Руси от Орды, но вселила веру в то, что скоро это обязательно произойдёт.

На Куликовом поле. Миниатюра XVI в.

Схема Куликовской битвы

Поединок на Куликовом поле. М. Авилов

НА КУЛИКОВОМ ПОЛЕ

К югу от Москвы, на большом Куликовом поле, стотысячная русская рать вступила в сражение с несметными полчищами Мамая.

Перед началом битвы по обычаю того времени сошлись в схватке два воина: русский богатырь Александр Пересвет и монгольский Челубей. В смертельном поединке оба воина погибли.

В этот момент в кровавой схватке сошлись русские и ордынские полки. Схватка была очень тяжёлой и продолжалась с раннего утра до позднего вечера.

Ценой огромных усилий русские победили в этом сражении. За победу на Дону Дмитрия Ивановича прозвали Донским.

Много славных воинов полегло на поле боя. Красными от крови были воды Дона. Шесть дней понадобилось, чтобы с почестями похоронить павших.

СВЕТ НАДЕЖДЫ

Хан Тохтамыш, которому князь Дмитрий помог устранить опасного соперника, воцарился в Орде и вскоре обманом захватил Москву и заставил русских снова платить дань. И всё-таки Куликовская битва зажгла в сердцах свет надежды на избавление от власти Орды. После победы у русских исчез прежний страх перед непобедимой, как казалось раньше, силой монголов.

ЗАГАДКИ ИСТОРИИ

Великий праведник

Благословил московского князя на битву как на правое дело великий праведник земли Русской игумен Троицкого монастыря Сергий Радонежский — «старец чудный и добрый», как пишет о нём летописец. Сергий Радонежский ещё при жизни почитался как святой.

Сергий предсказал Дмитрию Ивановичу победу, но предупредил, что одержана она будет большой кровью, ценой многих жизней. Слова старца сбылись. А как стал ему известен исход сражения — загадка истории.

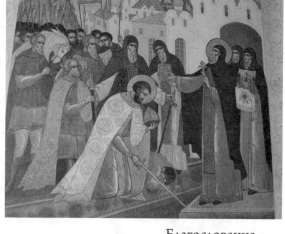

Памятник Дмитрию Донскому на Куликовом поле. А. Брюллов

Благословение Дмитрия Донского Сергием Радонежским на победу. Фрагмент росписи в церкви

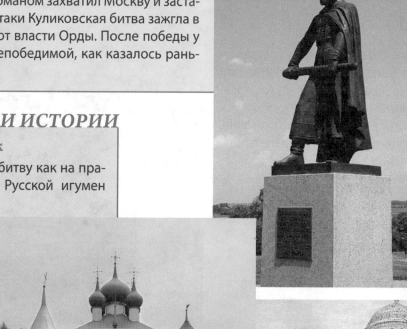

Храм — памятник Сергию Радонежскому на Куликовом поле

Оборона города от хана Тохтамыша. XIV в. А. Васнецов

Дмитрий Донской

ОТ РУСИ — К РОССИИ

Через 100 лет после Куликовской битвы в 1480 году Русское государство обрело независимость от Орды. Произошло это важное событие при великом князе московском Иване Третьем, правнуке Дмитрия Донского.

Иван Третий наотрез отказался платить дань Золотой Орде. Знал князь, что не миновать теперь войны, однако был готов к этому.

> 1462–1505 гг. — княжение великого князя московского Ивана III
>
> 1480 г. — стояние на Угре. Русь перестала зависеть от Орды

Иван III. Гравюра

Кремль при Иване III. А. Васнецов

Татары идут! А. Васнецов

Стояние на Угре. Миниатюра летописного свода

НА УГРЕ

Но обошлось без войны. Ордынский хан Ахмат привёл своё войско на русскую землю, а в сражение вступить не решился. Потому что ждала его во всеоружии большая рать Ивана Третьего.

Почти три месяца стояли друг против друга на противоположных берегах реки Угры два войска — русское и ордынское. А потом Ахмат решил, что лучше ему убраться восвояси.

Сильным и крепким стало Московское государство. Называлось оно всё чаще не Русь, а Россия. Под властью Москвы объединились многие земли от Оки и до Белого моря, от Чудского озера до Уральских гор. И всё это были владения великого князя московского Ивана Третьего.

ПЕРВЫЙ РУССКИЙ ЦАРЬ

В XVI столетии великий князь московский Иван Четвёртый был провозглашён царём. В 1547 году в Успенском соборе Московского Кремля в торжественной обстановке Ивана венчали на царство и возложили на голову царскую корону.

Царь, или великий государь — титул, равный титулу императора, короля или хана. К царю относились как к наместнику Бога на земле и оказывали ему самые высокие почести.

1533–1584 гг. — правление Ивана IV Грозного

1547 г. — венчание на царство Ивана IV

Иван IV.
Парсуна,
XVI в.

Иван
Грозный.
В. Васнецов

Успенский
собор
в Московском
Кремле

Царское
место
в Успенском
соборе

ИСТОРИЧЕСКИЙ ПОРТРЕТ

Иван (IV) Грозный

Царствование Ивана Четвёртого (1530–1584) вошло в историю России как кровавое время. Народ прозвал царя Грозным. Почти сорок лет, что он был на троне, продолжались жестокие и бессудные расправы, казни и пытки. Царь никому не доверял, везде ему чудились измена и злые намерения против себя. Он подозревал в заговоре не только знать — князей и бояр, но и простых людей. Например, по приказу Ивана Грозного был разгромлен Великий Новгород, а заодно по обвинению в измене, которой на самом деле не было, поголовно вырезано население ещё четырёх городов — Клина, Торжка, Твери и Вышнего Волочка. Не умея умерять и сдерживать свои страсти, великий государь в припадке гнева убил собственного сына: так ударил его тяжёлым железным посохом, что ранение оказалось смертельным.

ВСЯ ВОЛГА

При Иване Грозном Россия часто воевала. Трудно было жить русским людям из-за частых набегов из Казанского и Астраханского ханств. Оба ханства были осколками Золотой Орды.

Два похода русского войска на Казань кончились неудачей, и лишь третий увенчался успехом. Казань была взята и Казанское ханство присоединено к Московскому государству. А вскоре было взято и Астраханское ханство. Теперь вся Волга была на территории российского государства, что обеспечило не только безопасность границ, но и расширило возможности судоходства и торговли.

Покровский собор
на Красной площади в Москве

ИНТЕРЕСНЫЕ ФАКТЫ

Покровский собор

В память о взятии Казани в Москве по повелению Ивана Грозного на Красной площади был выстроен великолепный Покровский собор, больше известный как храм Василия Блаженного. Второе название — народное, и объясняется оно тем, что на месте собора была могила блаженного Василия — почитаемого в Москве святого.

ЗАГАДКИ ИСТОРИИ

Легенда

По легенде, когда Покровский собор был готов, восхищённый царь позвал двух зодчих, его построивших, и спросил: «А что, мастера, можете ли построить храм ещё краше и лучше этого?» «Можем, — ответили зодчие. — Только прикажи, государь». И тогда Иван Грозный приказал выколоть славным умельцам глаза, чтобы ни в какой другой земле не возвели они храма, который был бы красивее Покровского собора в Москве.

1552 г. — взятие Казани
1582–1585 гг. — поход Ермака в Сибирь

ЗА УРАЛ

В годы правления Ивана Четвёртого Россия шагнула за Уральские горы, и в состав Московского государства вошла Западная Сибирь. Произошло это благодаря отряду удальцов во главе с отважным человеком по имени Ермак. Именно Ермак и его казацкая дружина в 1582–1585 годах начали присоединять к России необъятные земли Сибири.

Покорение Сибири Ермаком. В. Суриков

ЗА ВЫХОД К МОРЮ

Иван Грозный задумал вернуть выход к Балтийскому морю, который когда-то утратила Русь. Ливонские рыцари не давали России пробиться к берегам Балтики. Война с ливонцами началась успешно, но со временем, препятствуя русским утвердиться на Балтике, в неё вступили Литва, Польша и Швеция. Исход Ливонской войны оказался неудачным для Московского государства. Закрепиться в Прибалтике России не удалось.

ИНТЕРЕСНЫЕ ФАКТЫ

Иван Четвёртый был человеком книжным. Он много читал и заботился о том, чтобы в Московию приезжали сведущие в науках люди. По настоянию царя в Москве была построена первая государственная типография — Печатный двор, в которой в 1563 году была выпущена первая русская печатная книга.

Иван Грозный и сын его Иван. И. Репин

Страница первой русской печатной книги «Апостол»

Памятник первопечатнику Ивану Фёдорову в Москве

ЗАГАДКИ ИСТОРИИ

Некоторые историки считают, что Иван Грозный собрал прекрасную библиотеку. В царской библиотеке были редкие манускрипты и книги на греческом, еврейском и латинском языках. Конечно, здесь хранились русские рукописные и печатные книги.

Книжная коллекция царя состояла из двух частей. Одна часть была доступна для всего царского окружения, а другая была секретной. Она находилась в тайных комнатах, куда мог входить и читать книги только сам государь.

По преданию, место хранения книжных сокровищ русского царя держалось в строжайшей тайне. Библиотеку несколько раз перепрятывали.

После смерти Ивана Грозного библиотека бесследно исчезла, отыскать её не удалось. Возможно, что сокровища библиотеки давно превратились в прах, погибли.

СМУТА

После смерти Ивана Грозного в Московском государстве наступили тяжёлые времена. В историю эпоха конца XVI – начала XVII вв. вошла как Смутное время. Россию сотрясали раздоры, вспыхивали мятежи и голодные бунты. Князья и бояре боролись за власть. Никто из правителей не удерживался на троне, один царь сменял другого. Появились самозванцы — обманщики, которые хотели получить власть и выдавали себя за царевича Дмитрия — погибшего сына Ивана Грозного.

Лжедмитрий I
(неизвестный художник)

ИНТЕРВЕНЦИЯ

Страна теряла силы, и этим воспользовались иноземные захватчики — поляки и шведы. Считая, что Московское государство может стать лёгкой и богатой добычей, они решили его завоевать, поделить между собой и присоединить к своим владениям.

Началась военная интервенция. В Россию вторглись чужеземные вооружённые отряды. Вскоре стало известно, что правившие страной бояре вступили в сговор с поляками и собираются признать власть польского короля. Это была настоящая измена. Поляки вошли в Москву и беспрепятственно в ней властвовали.

ЗЕМЛЯ РУССКАЯ В ОПАСНОСТИ

Когда стало известно, что московские бояре помогают врагу и предают Россию, в народе поднялось небывалое волнение. Люди негодовали, что иноземцы чувствуют себя в России как дома. «Горше горького, — жалуется летописец, — видеть, что происходит».

Но нашлась сила, которая остановила иностранное вмешательство, мятежи, грабежи и разбои. Это был сам народ.

В Нижнем Новгороде купец Козьма Минин бросил клич своим землякам-нижегородцам: «Братья! Земля русская в опасности. Ей грозит гибель. Мы можем спасти родину. Если мы хотим помочь ей, то соберём казну на жалованье ратным людям!»

По призыву Минина начался сбор денег и ценностей на народное ополчение.

Добровольцев было много. Каждый день приходили в Нижний Новгород стрельцы, пушкари, вольные казаки… Во главе ополчения встал опытный воевода князь Дмитрий Пожарский. Вместе с Мининым он повёл русские полки к Москве.

Козьма Минин на площади Нижнего Новгорода, призывающий народ к пожертвованиям. К. Маковский

Освобождение Москвы

В Москве разгорелись жаркие схватки. После горячих и трудных боёв поляки были выбиты из столицы России. Сражения с неприятелем закончились победой русских. Москва была освобождена от захватчиков в ноябре 1612 г.

Теперь четвёртое ноября — государственный праздник России, День народного единства. Россияне хранят память о подвиге своего народа, вставшего на защиту родины.

Памятник К. Минину и Д. Пожарскому в Москве. И. Мартос

НАЧАЛО ДОМА РОМАНОВЫХ

Избрание Михаила Фёдоровича Романова на царство. Г. Угрюмов

Вскоре после освобождения Москвы от иноземных захватчиков в город съехались депутаты со всех концов России от всех сословий, чтобы избрать нового русского царя. После долгих споров выбрали 16-летнего боярина Михаила Фёдоровича Романова. Он и стал в 1613 году новым правителем. Царь Михаил Фёдорович был первым из династии Романовых — великих государей, которые более 300 лет царствовали в России.

В годы правления Михаила Романова тяжкие последствия Смутного времени в основном были преодолены, а при его сыне и преемнике Алексее Михайловиче Россия упрочила своё положение как сильное и крепкое государство.

4 ноября 1612 г. — освобождение Москвы от польских захватчиков

1613 г. — начало династии Романовых

Деревянный дворец царя Алексея Михайловича в Коломенском

Царь Алексей Михайлович

Царь Алексей Михайлович на соколиной охоте. Н. Сверчков

Московская улица XVII века в праздничный день. А. Рябушкин

ПАМЯТНАЯ ДАТА

Соборное уложение

При Алексее Михайловиче было принято Соборное уложение — новый свод законов. Соборное уложение сильно ухудшило положение русских крестьян. По новым законам, крестьяне превращались в личную собственность бояр и дворян — владельцев земли.

Соборное уложение было основным законом России до 1-ой половины XIX века. С уложения началось крепостное право, которое существовало в России до 1861 года.

1649 г. — принято Соборное уложение, начало крепостного права в России

Соборное уложение. Свиток

Теремной дворец в Кремле

Россия в XVII в.

Сидение царя Михаила Фёдоровича с боярами в его государевой комнате. А. Рябушкин

Соборная комната в Теремном дворце. В этой комнате государь и бояре собирались на совет

КРЕСТЬЯНСКОЕ ВОССТАНИЕ

После принятия Соборного уложения наступило полное закрепощение русских крестьян. Ответом народа был мощный бунт. Во главе мятежников встал донской казак Степан Разин.

Восстание Разина охватило большую часть страны. Мятежники овладели Астраханью, Самарой, Саратовом, подступали к Симбирску и Тамбову. Атаман Степан Разин грозил, что наведёт порядок в самой Москве.

Восстание Разина было жестоко подавлено, а сам он казнён.

1670–1671 гг. — крестьянское восстание под предводительством Степана Разина

Бояре

Степан Разин. В. Суриков

ПЕТРОВСКАЯ РОССИЯ

В начале XVIII века в России произошли крупнейшие преобразования. Они связаны с именем царя Петра Первого (1672–1725), которого ещё современники называли Великим.

Петровское время — переломное для истории России. По меркам Средневековья военно-экономическое состояние страны было благополучным, но на фоне ведущих европейских государств Россия выглядела отстающей. Требовалось обновить хозяйство страны, увеличить торговлю, перестроить армию. И всё это было сделано при Петре Первом.

1689–1725 гг. — годы правления Петра I
1721 г. — Пётр I принял титул императора

Пётр Великий
(миниатюра).
А. Овсов

Пётр Великий

Пётр от природы был умён, энергичен, трудолюбив, обладал самыми разными способностями. Взойдя на престол, он многократно укрепил Российское государство и приумножил его могущество.

Царь был высоким — выше двух метров, и наделён большой физической силой. Он легко разгибал железные подковы и скручивал медные монеты, а если кого слегка хлопал по плечу, тому казалось, будто его ударили тяжёлым молотом.

БЕЗ ВОЛШЕБНОЙ ПАЛОЧКИ

Преобразования России Пётр Первый начал с реформы армии и создания флота. Для обновления армии требовалось наладить производство металла, орудий, парусины, канатов, обмундирования… И всё это в короткие сроки, словно по взмаху волшебной палочки, появилось!

Никакого чуда в этом не было. Пётр и его помощники были хорошими организаторами, а также строго и жестоко наказывали за плохое исполнение своих указаний. Люди выбивались из сил, изнемогали от усталости, но делали своё дело.

Пётр делал всё возможное для укрепления армии. Он даже не остановился перед тем, чтобы снять с церквей колокола и переплавить их на пушки. Таким образом было отлито 300 новых орудий.

Корабль, построенный в эпоху Петра I
в российском городе Воронеже

Странный царь

В лице Петра Первого Россия получила дальновидного правителя, талантливого полководца и дипломата. Человек волевой и целеустремлённый, он всегда добивался того, что задумал. И других заставлял выполнять свои повеления.

Пётр умел делать любую работу: плотничал и строил корабли, вытачивал на станке детали, ловко орудовал кузнечным молотом. За что бы он ни брался, всё у него получалось. Но главным делом Петра, конечно, стало создание сильной Российской империи.

НА СУШЕ И НА МОРЕ

И на суше, и на море Россия добилась больших военных успехов. Петру Первому удалось завоевать выход к Балтийскому морю, о котором мечтал ещё Иван Грозный. Это создало необходимые условия для торговли с западными странами.

Главным противником России на Балтике была Швеция. Во время долгой Северной войны были одержаны победы над шведами. Особенно знаменательной была битва под украинским городом Полтавой. Шведы потерпели сокрушительное поражение и потеряли более девяти тысяч солдат. А через пять лет русский флот одержал блистательную победу над шведским флотом. Эту победу назвали морской Полтавой.

Битва под Полтавой 27 июня 1709 г. Н. Лармессен

Морское сражение у мыса Гангут 25 июля 1714 г. А. Зубов

Пётр Великий в Полтавской битве. И. Таннауэр

НА РАВНЫХ

При Петре Первом Россия стала одним из государств, определяющих судьбы мира. Расширилась территория страны, укрепились позиции на Западе и Востоке. Пётр Первый даже собирался завоевать африканский остров Мадагаскар, чтобы начать с этого острова военный морской поход в Индию.

Усиление России беспокоило Англию и Францию, вызывало тревогу у Австрии, Пруссии и других европейских государств, но победа над Швецией и успехи русских в Восточной Прибалтике заставили ведущие мировые державы принять тот факт, что Россия теперь с ними на равных и имеет не меньшее право отстаивать и защищать свои интересы.

Вместе с тем обновление России при Петре было неполным. Страна, хоть и обладала большой военной силой, по-прежнему во многом оставалась средневековой, основанной на рабском, подневольном труде. Государство жёстко контролировало частных предпринимателей, в стране не существовало свободного рынка, а чиновников было слишком много.

1696 г. — взята крепость Азов, открыт выход России в южные моря
1700–1721 гг. — Северная война
1709 г. — Полтавская битва
1714 г. — морское сражение у мыса Гангут (морская Полтава)

ПЕТРОВСКИЕ НАЧИНАНИЯ

Время Петра Великого — это время многих важных для российской науки и культуры начинаний. Были открыты первый в России музей (Кунсткамера), военно-морская, артиллерийская и инженерная школы и медицинское училище, учреждена Академия наук.

Пётр привел российский календарь в соответствие с европейским. Новый год начинался теперь не с сентября, как раньше, а с января.

По приказу Петра был введён новый типографский шрифт для издания газет и книг. Этот шрифт был удобен для чтения, буквы имели простое начертание. В 1703 г. вышла первая русская печатная газета «Ведомости».

май 1703 г. — основание Санкт-Петербурга

Строительство Петербурга. 1703 г. (Гравюра)

Пётр Великий. В. Серов

Панорама Санкт-Петербурга. 1716 г. А. Зубов

ПАМЯТНАЯ ДАТА

Санкт-Петербург

По приказу Петра Первого в устье реки Невы на отвоёванной у шведов земле был заложен новый город — Санкт-Петербург. По замыслу Петра, город должен был открыть путь в Западную Европу и стать новой столицей России.

Строительство города началось с крепости. У самой шведской границы развернулось грандиозное строительство: на берегу Невы надёжным бастионом встала Петропавловская крепость.

ИМПЕРИЯ

Успех петровских преобразований и победы армии и флота были ознаменованы провозглашением России империей, а Петра Первого — императором. Империя — это сильное государство, обязанное своей мощью военным победам. Титул императора — особый знак верховной власти.

Медный всадник.
Памятник Петру I
в Санкт-Петербурге.
Скульптура
Э. Фальконе

Мода и наряды

По одежде и по внешнему облику человека можно было определить, к какому сословию он принадлежит. Крестьяне, мастеровые, торговцы носили рубахи и кафтаны — традиционную народную одежду. Женщины надевали сарафаны и широкие блузы.

Бояре и дворяне следовали европейской моде. Мужчины сбривали бороды, надевали напудренные и завитые парики, кафтаны, чулки и башмаки с пряжками. Женщины-дворянки носили широкие каркасные юбки, декольте и туфли на высоких каблуках.

1721 г. — введён европейский календарь
1724 г. — учреждена Петербургская Академия наук и открыт первый в России музей редкостей (Кунсткамера)
1703–1727 гг. — издавалась первая русская печатная газета «Ведомости»

Здание Петербургской Академии наук, учреждённой Петром I в 1724 г.

Кунсткамера. Первый музей в России, учреждённый Петром I в 1724 г.

Российская империя при Петре I

РОССИЯ ПОСЛЕ ПЕТРА ПЕРВОГО

В царствование Елизаветы Петровны, дочери Петра Великого, Россия была одним из самых могущественных государств. Славу русского оружия приумножило участие Российской империи в Семилетней войне. Русская армия под командованием генерал-фельдмаршала Петра Семёновича Салтыкова разгромила немецкие войска и вошла в Берлин.

Елизавета Петровна в Царском Селе. Е. Лансере

1741—1761 гг. — царствование Елизаветы Петровны, дочери Петра I

ИМПЕРИЯ НА ПОДЪЁМЕ

Восемнадцатый век в России называют столетием переворотов. В это время в борьбе за власть одна придворная группировка неоднократно брала верх над другой, что приводило к частой смене императоров.

Восемнадцатое столетие уникально тем, что в эту эпоху на российском престоле было больше женщин, чем мужчин.

МОСКОВСКИЙ УНИВЕРСИТЕТ

В середине восемнадцатого века в Москве был открыт первый университет. Это было знаменательным событием в культурной жизни России. Основатель университета — великий русский учёный-энциклопедист Михаил Васильевич Ломоносов. Он был физиком, химиком, математиком, автором множества крупных научных открытий. Ломоносов составил первую научную грамматику русского языка. Он писал стихи и освоил технику изготовления мозаики.

Большая заслуга в создании Московского университета принадлежит Ивану Ивановичу Шувалову, который очень много сделал для русской науки и искусства. Шувалов был основателем Академии художеств. Он помогал талантливым, но бедным живописцам, скульпторам, архитекторам.

М.В. Ломоносов

Старое здание Московского университета

Императрица Екатерина II
у М.В. Ломоносова в кабинете. И. Фёдоров

1755 г. — основан Московский университет
1757 г. — открыта Академия художеств

Здание Академии
художеств
в Санкт-Петербурге

И.И. Шувалов

ЕКАТЕРИНА ВЕЛИКАЯ

Вторая половина восемнадцатого века прочно связана в отечественной истории с именем императрицы Екатерины Второй (1729–1796). За тридцать лет её царствования Россия превратилась в великую державу. Эта императрица была второй после Петра Первого, кто вошёл в историю как Великий. Пётр как преобразователь государства сам брал на себя основную нагрузку как в военных, так и в мирных делах. Екатерина славилась тем, что умело подбирала нужных людей и безошибочно назначала на ответственные должности и ставила на командные посты лучших из лучших. При ней выдвинулись такие крупные государственные деятели, как Григорий Александрович Потёмкин и Александр Андреевич Безбородко, полководцы Пётр Александрович Румянцев и Александр Васильевич Суворов и флотоводец Фёдор Фёдорович Ушаков.

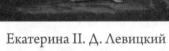

Екатерина II. Д. Левицкий

ИСТОРИЧЕСКИЙ ПОРТРЕТ

Екатерина Вторая

Вся жизнь Екатерины Второй прошла в окружении книг. Она и сама много писала, умела интересно, точно и занимательно излагать мысли. Бумаге императрица доверяла свои соображения, как сделать Россию богаче и могущественнее, как осуществить нужные и назревшие преобразования, какие новые законы надо подготовить.

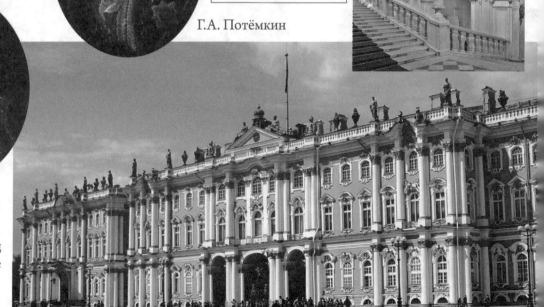

Парадная лестница Зимнего дворца

1762–1796 гг. — царствование Екатерины II

Г.А. Потёмкин

Ф.Ф. Ушаков

П.А. Румянцев

П.С. Салтыков

Зимний дворец в Санкт-Петербурге

ЦАРСТВОВАНИЕ ЕКАТЕРИНЫ

Екатерина Вторая царствовала на российском престоле более 30 лет и считала себя продолжательницей дел Петра Первого. При ней были доведены до конца многие преобразования, начатые Петром. Екатерининским веком называют не только время её царствования, но и гораздо больший период. Этим подчёркивают историческое значение и важные последствия реформ, которые провела Екатерина.

По вооружению и военной технике Россия в то время опередила даже такие промышленно развитые страны, как Англия. В жизни империи произошли важные изменения. Хозяйство страны развивалось, росло промышленное производство, расширялась международная торговля. Россия стала теснее общаться с европейскими странами.

Годы царствования Екатерины Второй — время расцвета русского искусства. Это и величественное зодчество, и высокое мастерство живописного портрета, и прекрасные скульптуры.

Екатерининский дворец в Царском Селе

Памятник
Екатерине II
в Санкт-Петербурге

Большой дворец в Петергофе

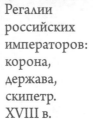

Регалии
российских
императоров:
корона,
держава,
скипетр.
XVIII в.

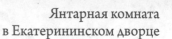

Янтарная комната
в Екатерининском дворце

НИ ОДНА ПУШКА...

Если при Петре Первом Россия пробилась к берегам Балтики, то при Екатерине Второй она завоевала доступ к Чёрному морю, получила территории в Северном Причерноморье и Крым, а также расширила границы на западе. Дипломат А.А. Безбородко одной фразой обрисовал роль России на мировой арене в годы царствования Екатерины. По его словам, «ни одна пушка в Европе без позволения нашего выпалить не смела».

А.А. Безбородко

ИСТОРИЧЕСКИЙ ПОРТРЕТ

Александр Суворов

Александр Васильевич Суворов (1730–1800) — великий русский полководец, не знавший поражений. За 50 лет военной биографии он совершил 20 походов, на его счету больше 60 побед. Под командованием Суворова взята неприступная турецкая крепость Измаил, побеждена французская армия в Северной Италии, совершён героический переход русских войск через Альпы… Секреты военного искусства Суворов изложил в своей книге «Наука побеждать».

А.В. Суворов

Штурм крепости Измаил 11 декабря 1790 года. М. Грачёв

Переход Суворова через Альпы. В. Суриков

Памятник А.В. Суворову на Марсовом поле в Санкт-Петербурге

ИНТЕРЕСНЫЕ ФАКТЫ

По-европейски

Когда Пётр обязал русских дворян одеваться и выглядеть по-европейски, многие дамы и господа были к этому не готовы: европейская мода была для них непривычной. Но полвека спустя, при Екатерине II, русские дворяне уже свободно говорили по-французски, одевались, как в Париже или Лондоне, в бархатные камзолы, шёлковые чулки и башмаки на высоких каблуках, украшенные драгоценными пряжками. Женщины-дворянки надевали платья из тонкого шёлка с длинными шлейфами, делали высокие причёски и обмахивались веерами.

Е.И. Нелидова.
Д. Левицкий

М.И. Лопухина.
В. Боровиковский

М.А. Дьякова.
Д. Левицкий

А.П. Струйская.
Ф. Рокотов

БЛАГИЕ НАМЕРЕНИЯ

Императорский двор и дворянство проводили время в балах и увеселениях. Сытую и беззаботную жизнь им обеспечивал труд крепостных крестьян — зависимых людей, работавших на своих господ.

Екатерина Вторая пыталась облегчить тяжёлое положение крепостных, стремилась установить в России справедливый для всех закон и порядок. Но это оказалось выше сил императрицы. Дальше благих намерений дело не пошло. Крепостное положение российских крестьян оставалось неизменным.

1773–1775 гг. — крестьянское восстание под предводительством Емельяна Пугачёва

ИСТОРИЧЕСКИЙ ПОРТРЕТ

Емельян Пугачёв

Емельян Иванович Пугачёв — предводитель крупнейшего народного восстания. Он выдавал себя за покойного супруга Екатерины II императора Петра III и обещал народу избавление от крепостного права. Мятеж Пугачёва был вызван резким ухудшением жизни народа.

Восстание было жестоко подавлено, Пугачёв и его ближайшие сподвижники казнены.

Е.И. Пугачёв. Портрет неизвестного художника, написан поверх портрета Екатерины II

Продажа крепостных. С картины В. Неврева «Торг»

1812 ГОД

Французский император Наполеон, завоевавший в начале девятнадцатого века почти всю Европу, говорил: «Я буду властелином мира. Остаётся одна Россия, но я покорю её».

Наполеон был великолепным полководцем, он располагал большой и прекрасно вооружённой армией. Он рассчитывал завоевать Россию за очень короткий срок. Но его ожидания не оправдались. Армия Наполеона получила жёсткий отпор.

Для русских война с Наполеоном стала Отечественной. На защиту родины встал весь народ, представители всех сословий. Русские героически сражались с неприятелем. Было создано народное ополчение, организованы партизанские отряды. Жители городов и деревень покидали свои дома, чтобы не быть под французами. Наполеон продвигался к Москве, но народ оставался непокорным.

Наполеон I Бонапарт.
Ж.-Л. Давид

ПАМЯТНАЯ ДАТА

Бородинское сражение

Недалеко от Москвы у села Бородино произошло крупное сражение между отрядами русской и французской армий. Оно было долгим и кровопролитным для обеих сторон. В этом сражении русские понесли большие потери и оставили Москву. Наполеон решил, что победитель — он.

Александр Первый — российский император, узнав о том, что французы заняли русскую столицу, стал седым за одну ночь.

Но главнокомандующий русской армией Михаил Илларионович Кутузов не пал духом. «Война не проиграна, — сказал он. — Всё ещё только начинается. Наша армия не сломлена, и с потерей Москвы не потеряна Россия. Главный удар по врагу впереди».

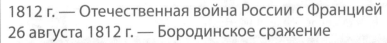

1812 г. — Отечественная война России с Францией
26 августа 1812 г. — Бородинское сражение

Военный совет в Филях. А. Кившенко

Бородинская битва (фрагмент). Ф. Рубо

КТО ХОЗЯИН ПОЛОЖЕНИЯ?

Тридцать шесть дней провёл Наполеон в пустынной Москве — жители покинули город вместе с русской армией. Москва выгорела от пожаров и напоминала пепелище.

Наступили холода. Солдатам французской армии нечего было есть. Дисциплина в армии расшаталась. Напрасно французский император ждал, что русские попросят мира. Наполеон вынужден был покинуть Москву и отдал приказ об отступлении. Теперь стало понятно, кто хозяин положения.

У русской армии было время на то, чтобы укрепить силы. Русские отряды вынудили французов отступать по той же разорённой Смоленской дороге, по которой те шли в Москву. На пути французов всё было ими же сожжено или разрушено. Не было ни людей, ни продовольствия. Солдаты и лошади гибли от голода и холода.

Портрет императора
Александра I.
С. Щукин

Наполеон из Кремля смотрит
на пожар Москвы. В. Верещагин

Портрет
партизанки
Василисы
Кожиной.
А. Смирнов

«Не замай — дай подойти!» (Партизаны
в 1812 г.) В. Верещагин

Фельдмаршал
М.И. Кутузов.
Р. Волков

ПЕРЕПРАВА

На переправе через реку Березину Михаил Кутузов задумал заманить в ловушку и уничтожить французскую армию. Но Наполеон разгадал замысел русского полководца и вывел свои войска из-под удара. И всё же русскую границу он пересёк только с тридцатью тысячами человек вместо шестисот сорока семи тысяч, с которыми пришёл в Россию. Только счастливый случай помог самому французскому императору избежать плена.

Отступление французов через реку Березину
17 ноября 1812 г. П. фон Гесс

В 1812 году.
И. Прянишников

ИНТЕРЕСНЫЕ ФАКТЫ

После бесславной войны с Россией удача отвернулась от Наполеона. Созданная им огромная империя перестала существовать. И настал день, когда император Александр Первый во главе российских войск торжественно въехал на белом коне в столицу Франции — Париж. Это было 31 марта 1814 года.

Бегство Наполеона
из России.
А. Нортон

Въезд Александра I
во главе русской
армии в Париж.
А. Кившенко

ДЕКАБРИСТЫ

Офицеры, участники Отечественной войны 1812 года, лучшие представители русского дворянства предприняли попытку выступить против существующей в России власти. Они считали, что главный победитель войны с Наполеоном — народ, и требовали улучшения его положения, а прежде всего — отмены крепостного права.

В историю они вошли как декабристы, потому что вывели войска в центр Петербурга в декабре. Восстание было подавлено, пятеро декабристов казнены, остальные отправлены на каторгу и в ссылку.

14 декабря 1825 г. — восстание декабристов

ВЕЛИКИЕ РЕФОРМЫ

В третьей четверти девятнадцатого века в России начались преобразования, которые вошли в историю как Великие реформы. Это был поворотный этап в российской истории. Реформы дали толчок развитию промышленности, сельского хозяйства, транспорта, образования.

Самой первой по времени и наиболее значимой стала крестьянская реформа. Вслед за ней произошли финансовая, судебная, военная реформы, а также реформы народного образования и местного управления (земская реформа). Результатом реформы цензуры было ослабление надзора за печатью.

Великие реформы связаны с именем российского императора Александра Второго (1818—1881). Его называли царём-освободителем, потому что в годы его правления было отменено крепостное право.

Александр II

Восстание 14 декабря 1825 г. на Сенатской площади. К. Кольман

1855—1881 гг. — правление Александра II
60—70-е гг. XIX в. — великие реформы в России
19 февраля 1861 г. — отмена крепостного права в России

ПАМЯТНАЯ ДАТА

Манифест об отмене крепостного права

В 1861 году вышел манифест об отмене в России крепостного права. «Вышла нам воля», — говорили крестьяне. Теперь они перестали быть чьей-либо собственностью.

НАРОДОВОЛЬЦЫ

Молодые революционеры партии «Народная воля» называли себя борцами за народное счастье. Они считали, что проводимых в стране изменений недостаточно. По их убеждениям, царь должен был сделать для народа гораздо больше, чем сделал, и именно он виноват в том, что огромная часть населения России по-прежнему живёт бедно и тяжело. Жизнь в стране, считали революционеры, можно изменить только силой, восстанием.

Революционеры думали, что казнь царя ускорит преобразование общества. Они совершили семь покушений на Александра Второго, и только с восьмой попытки царь был убит. Он был убит средь бела дня в центре Санкт-Петербурга.

ВО СЛАВУ РОССИИ

В середине девятнадцатого века Россия отставала от европейских стран по производству продукции и по уровню жизни. При всех положительных переменах до всеобщего процветания было ещё далеко. Многие люди продолжали жить в нужде.

Но положение выравнивалось. К концу девятнадцатого столетия Российская империя достигла значительных успехов. Экономика страны развивалась, и Россия становилась одной из ведущих мировых держав.

Из страны сельскохозяйственной, крестьянской Россия стремительно превращалась в промышленно развитое государство. Металлургия, машиностроение, добыча каменного угля и нефти росли очень быстрыми темпами. Постепенно почти всю огромную империю охватила сеть железных дорог. Перевозку пассажиров и доставку грузов на дальние расстояния обеспечивал также паровой водный транспорт.

Портрет Александра III. И. Крамской

1881–1894 гг. — правление Александра III

Александр Третий

Александра Третьего (1845–1894) — сына и преемника Александра Второго — называли Миротворцем. В годы его правления Россия не вела ни одной войны и при этом укрепила свой статус в мире.

Современники отмечали, что в облике императора было что-то медвежье. Рослый и плечистый, он был наделён огромной силой и, желая позабавить родных и близких, узлом завязывал, а потом развязывал кочергу. Человек сильной воли и твёрдого характера, он был решительным, смелым, справедливым, строгим, всегда знающим, как поступать в самой сложной ситуации, и берущим на себя ответственность за судьбу страны. Именно таким народ с давних пор представлял себе хорошего царя.

Император Александр Третий всегда интересовался русской культурой и был страстным коллекционером произведений русских живописцев. Знаменитый Русский музей в Санкт-Петербурге был основан и открыт при его поддержке и содействии.

Однажды император, заядлый рыболов, войдя в азарт, отказался присутствовать на встрече с иностранными дипломатами ради рыбалки. Уж больно хорош был клёв! «Когда русский царь ловит рыбу, — сказал Александр, — Европа может подождать».

Приём волостных старшин Александром III. И. Репин

Русский музей императора Александра III в Санкт-Петербурге (теперь Государственный Русский музей)

Российская
империя
в конце
XVIII в.

Условные обозначения карты

| | Русское государство в 1689 г. |

Территории, присоединённые
к Российской империи

с 1689 по 1725 г.

с 1726 по 1762 г.

с 1763 по 1800 г.

Условная граница, установленная
по Нерчинскому договору 1689 г.

Граница территорий Младшего и Среднего
казахских жузов, признавших подданство
России в 1730-х гг.

Граница прикаспийских областей, принад-
лежавших России с 1723 по 1735 г.

Восточная Грузия, находившаяся под
протекторатом России с 1783 г.

Границы государств на 1800 г.

Примечание.
Цифрой 1 обозначена Османская империя

Маршруты экспедиций российских
путешественников

С. П. Крашенинникова в 1738—1741 гг.

В. Беринга и А. И. Чирикова
в 1725—1729 и 1740—1742 гг.

Д. Я. Лаптева в 1736, 1739—1740, 1741—1742 гг.

В. Я. Чичагова в 1765—1766 гг.

Х. Я. Лаптева 1739—1740, 1741, 1742 гг.

Ф. И. Соймонова в 1726 г.

РЕКОРДНЫМИ ТЕМПАМИ

Рекордными темпами развивалась не только крупная машинная индустрия, но и лёгкая промышленность, производящая товары народного потребления. Особен-но больших успехов достигла текстильная отрасль. Год от года разрастало тор-гово-промышленное дело Морозовых, Рябушинских, Прохоровых — известных династий предпринимателей. Трудом этих людей приумножались богатства России.

1891—1916 гг. — строительство
Транссибирской магистрали

ИНТЕРЕСНЫЕ ФАКТЫ

Через всю Россию

На рубеже девятнадцатого и двад-цатого веков по протяжённости своих железных дорог Россия вышла на одно из первых мест в мире. От Москвы до Владивостока была проложена самая длинная на планете рельсовая трасса. Она прошла через всю Россию. Само её название — Великая Сибирская (или Транссибирская) магистраль — стало символом промышленной мощи страны.

Количество речных и морских судов превысило три тысячи. Это были комфор-табельные пароходы, баржи с буксирами, сухогрузы и наливные суда — предшест-венники современных танкеров.

Транссибирская магистраль.
Железнодорожный мост через реку Амур.
Современный вид

С.И. Мамонтов

Промышленник и меценат Савва Иванович Мамонтов занимался железнодорожным строительством и производством чугуна. Огромную часть своих доходов он тратил на создание театра, художественных мастерских, поиск и поддержку новых талантов. В своём имении Абрамцево под Москвой Мамонтов собрал цвет русской культуры: певцов, музыкантов, композиторов, художников. Основанная им Русская частная опера славилась на всю Россию.

Предприниматель Павел Михайлович Третьяков вкладывал деньги в коллекцию лучших картин русских художников. Построенную им на собственные средства галерею (сегодня она носит его имя — Государственная Третьяковская галерея) он в 1892 году передал в дар Москве.

П.М. Третьяков.
И. Крамской

С.П. Рябушинский

Российский банкир и меценат Сергей Павлович Рябушинский вместе с братом Степаном основал первый в России автомобильный завод. Производство было организовано так, что при небольшой реконструкции завод мог выпускать авиационную технику. Институт педагогики, которым владел С. Рябушинский, был оснащён новейшими техническими средствами того времени.

Сергей Рябушинский обучался в Париже ваянию и живописи. Он был талантливым скульптором-анималистом и принимал участие в престижных выставках. Ценитель искусства, он собрал одну из лучших в России коллекций старинных икон.

Деньги на строительство детской больницы пожертвовал предприниматель А.В. Морозов. Русские предприниматели занимались благотворительностью: на свои средства строили для народа больницы, школы, детские приюты, дома для инвалидов и престарелых, давали бесплатные квартиры больным и бедным.

Морозовская детская больница в Москве

«КАРМАН» СТРАНЫ

Нижний Новгород называли «карманом» России. Здесь была крупнейшая в стране ярмарка — центр внутренней и внешней торговли империи. Огромные партии пушнины, кожи, хлеба, рыбы, леса, сукна, металла и прочего ходового товара проходили через эту ярмарку. Её ежегодные обороты превышали огромную по тем временам сумму — 150 миллионов рублей — и продолжали расти.

Нижегородская ярмарка

Ярмарочные сюжеты Б. Кустодиева

ИНТЕРЕСНЫЕ ФАКТЫ

Мост Александра Третьего

Один из самых красивых мостов мира носит имя русского императора Александра Третьего. Находится он в Париже — столице Франции. Мост построен в 1896–1900 годах, а назван именем Александра Третьего в знак добрых отношений между странами и в память о заключении русско-французского соглашения.

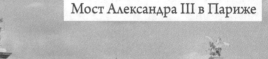

Мост Александра III в Париже

В НАЧАЛЕ ВЕКА

В начале двадцатого века Россия оставалась сильным, стремительно развивающимся государством. Но в это время одно за другим произошли исторические потрясения, которые привели Российскую империю к гибели.

В 1904—1905 годах Россия потерпела поражение в войне с Японией. В 1905—1907 годах произошла первая в стране революция. Революция была подавлена, но власть была вынуждена пойти на некоторые уступки народу.

> 1894—1917 гг. — царствование Николая II
> 1905—1907 гг. — первая революция в России
> 1914—1918 гг. — Первая мировая война

ПЕРВАЯ МИРОВАЯ

Настоящей катастрофой для Российской империи стала Первая мировая война. В этой войне участвовали 33 государства. Союзниками России были Англия и Франция, а противниками — Германия и Австро-Венгрия.

Основная тяжесть военных действий легла на Россию. Девятнадцать миллионов русских солдат участвовали в этой войне.

Война подорвала жизненные силы страны. Империя, которая ещё недавно шла на подъём, теперь была отброшена в своём развитии на несколько десятилетий назад. Большая часть работоспособного населения находилась на фронте, поэтому хозяйство страны приходило в упадок. Разруха, запустение, перебои с продовольствием, бездействующий транспорт — такой была Россия после трёх лет тяжёлой войны. В стране, которая ещё несколько лет назад кормила своим хлебом всю Европу, начался голод.

Император
Николай II

ИСТОРИЧЕСКИЙ ПОРТРЕТ

Николай Второй

Преемником волевого и целеустремлённого Александра Третьего был его сын Николай Второй (1868—1918). Николай мало подходил для роли императора. Семейные дела занимали его гораздо больше, чем государственные. Кроме того, царь не любил перемен, придерживался заведённых порядков и считал, что в России всё должно оставаться по-старому.

Николай II
в кругу семьи

Солдаты Первой мировой войны

Военные действия на Восточном фронте

Германия и её союзники	Контрудары противника
Действия войск России	Линия фронта к концу 1916 г.
Действия германо-австрийских войск	Центры забастовочного движения с 1914 г. по февраль 1917 г.
Линия наибольшего продвижения русских войск в Восточной Пруссии в августе 1914 г.	Линия фронта к концу февраля 1917 г.
Линия фронта к концу 1914 г.	Границы государств даны на 1914 г.
Линия фронта к концу 1915 г.	Границы губерний и областей даны на конец 1917 г.
Наступление русских войск 22 мая – 31 июля 1916 г.	

Россия в годы Первой мировой войны (1914–1917 гг.)

ДВЕ РЕВОЛЮЦИИ

В это сложное время в России произошли две революции: Февральская и Октябрьская. Первая привела к свержению самодержавия. Николай Второй отрёкся от престола, и власть поделили между собой Временное правительство и советы — коллективные органы управления, созданные самим народом.

Положение дел в стране после Февральской революции ухудшилось. Этим воспользовалась революционная партия коммунистов-большевиков. Лидером этой партии был Владимир Ильич Ленин (Ульянов) (1870–1924).

25 октября (7 ноября по новому стилю) 1917 года большевики совершили государственный переворот и пришли к власти. Этот переворот вошёл в историю как Октябрьская революция. Власть, установившаяся в результате неё, стала называться советской, потому что первоначально в жизни страны большую роль играли советы.

Новое государство стало именоваться Союзом Советских Социалистических Республик, Советским Союзом, или СССР. Первым главой этого государства стал Владимир Ильич Ленин.

февраль 1917 г. — Февральская революция
октябрь 1917 г. — Октябрьская революция
1918–1922 гг. — Гражданская война
декабрь 1922 г. — образование СССР

Л.Д. Троцкий — создатель и руководитель Красной армии

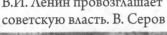

В.И. Ленин провозглашает советскую власть. В. Серов

В.И. Ленин

Красноармейцы

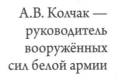

А.В. Колчак — руководитель вооружённых сил белой армии

ГРАЖДАНСКАЯ ВОЙНА

Советское государство создавалось в условиях Гражданской войны, когда одна часть народа воевала против другой. Страна разделилась на два лагеря — белых и красных. Тех, кто шёл за большевиками и поддерживал их, сражаясь под красным знаменем, называли красными. Их противников за белый цвет на знамени — белыми. Каждая сторона была уверена в своей правоте, у каждой была своя правда.

Во внутренние дела Советской России вмешались иностранные государства: Германия, Англия, Франция, США, Япония. Как и во времена Смуты в начале семнадцатого века, это была военная интервенция. Окрепшие в боях Гражданской войны войска Красной армии прогнали захватчиков.

СОВЕТСКИЙ СОЮЗ

Власть в СССР была в руках коммунистической партии. Население поддержало власть большевиков. Люди устали от войны и потрясений. Они надеялись, что власть выражает и защищает интересы народа и способна обеспечить мир и порядок в стране.

Земля, фабрики, заводы стали общенародной собственностью. Всё национальное достояние страны контролировали партия и государство.

Строительство новой жизни требовало грамотных, знающих людей, а половина населения страны не умела ни читать, ни писать. Нужны были учителя, инженеры, врачи, агрономы, зоотехники.

Началось создание новых школ, училищ, институтов, университетов, и широкие народные массы получили доступ к знаниям.

Гражданам СССР бесплатно предоставлялись жильё, образование и медицинское обслуживание. Несмотря на то что не хватало многих нужных вещей и постоянно возникали серьёзные проблемы с продуктами питания, многие советские люди были убеждены: они живут хорошо и верили, что будут жить ещё лучше. Книги, фильмы, пьесы, все средства массовой информации показывали и рассказывали, как замечательно живётся в СССР. У всех был примерно одинаковый достаток, равные условия жизни и труда.

Герб СССР

КОЛХОЗЫ

Особенно трудно в советские годы приходилось крестьянам. Они должны были вступать в колхозы — коллективные хозяйства. Большая часть сельского населения к концу 1930-х годов оказалась объединённой в колхозы. Однако тотальное колхозное строительство к росту сельскохозяйственной продукции не привело. Жизнь в деревне ухудшилась, и началось массовое бегство крестьян в город и на стройки пятилеток. Оно приняло такой масштаб, что власти запретили колхозникам менять место жительства.

Но через несколько лет крупные коллективные хозяйства были обеспечены современной техникой: тракторами, комбайнами, автомобилями, и проблема снабжения страны продуктами питания была, хоть и не полностью, но решена.

ИНТЕРЕСНЫЕ ФАКТЫ

Пятилетки

В стране высокими темпами развивалась промышленность. На каждые пять лет (пятилетку) составлялись планы: сколько всего должно быть построено, пущено в производство, выполнено, получено, посеяно, добыто из недр земли… Стройки советских пятилеток вошли в историю. Новые заводы, фабрики, гидроэлектростанции, аэродромы, транспортные пути и каналы превратили ещё недавно находившуюся в послевоенной разрухе страну в могучее государство. СССР производил самолёты и автомобили, океанские суда и турбины, а также много военной техники.

В Советском Союзе был в почёте человек труда. Стихи и песни, плакаты и картины славили труд. Тружеников награждали, предоставляли им благоустроенные квартиры, путёвки в санатории. Казалось, что жизнь устроена честно и справедливо: все равны, все зарабатывают, сколько заслужили своим трудом, своими знаниями, умениями, талантами.

Утро первой пятилетки. Я. Ромас

НОВЫЙ МИР

Советское время поражает энтузиазмом — воодушевлением, увлечённостью, верой в то, что в СССР строится новый мир — самый справедливый на планете. Многие люди были готовы работать, несмотря на голод, холод и, казалось бы, непреодолимые трудности и лишения. В стране не хватало не только техники, но даже простейших вещей — гвоздей, лопат, тачек. И в таких сложных условиях люди буквально творили чудеса. Предприятия, созданные в первые пятилетки, дают продукцию и сейчас, в современной России.

1928–1932 гг. — первый пятилетний план
1924–1953 гг. — советское государство возглавлял И.В. Сталин

Парад физкультурников на Красной площади. 1936 г.
Фото: И. Шагин

Скульптура «Рабочий и колхозница».
В. Мухина

ИСТОРИЧЕСКИЙ ПОРТРЕТ

Иосиф Сталин

После смерти В.И. Ленина во главе партии и Советского государства встал Иосиф Виссарионович Сталин (1879–1953). Человек властный, умный, волевой, он твёрдо держал в кулаке и партию, и народ — всю страну. При этом никому не доверял, постоянно менял своё окружение, подозревал в измене и заговорах против себя даже ближайших соратников и товарищей. За мнимую вину они шли под суд и на расстрел, а их место вскоре занимали новые приближённые вождя.

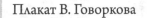
О каждом из нас заботится Сталин в Кремле

Плакат В. Говоркова

ИНТЕРЕСНЫЕ ФАКТЫ

В песнях и в жизни

В песнях Советский Союз красиво называли страной героев, мечтателей, учёных. Это было действительно так.

На Всемирной выставке в Париже в 1937 году советский павильон со скульптурой Веры Мухиной «Рабочий и колхозница» смотрелся как чудесный пришелец из другого мира, как впечатляющая эмблема нового общественного строя. Это был символ страны, молодо и смело шагающей в будущее.

Рождённый летать

Перелёт из Москвы в американский город Ванкувер занял 63 часа 20 минут. В 1937 году сама возможность воздушного путешествия на такое дальнее расстояние казалась невероятным достижением научно-технического прогресса.

Советский самолёт АНТ-25 конструкции Андрея Туполева выдержал это сверхсложное испытание. Маршрут пролегал через Северный полюс. Это был самый короткий, но и самый опасный путь. Местами самолёт приходилось вести вслепую, потому что стекло кабины и весь самолёт покрылись ледяным панцирем. Но мощный и надёжный мотор продолжал работать, и машина приземлилась на американском аэродроме.

Этот первый в истории беспосадочный перелёт осуществил экипаж во главе с лучшим лётчиком СССР Валерием Чкаловым.

И.В. Сталин и лётчик-испытатель В.П. Чкалов. 1936 г.

Московский метрополитен. Первая линия Московского метрополитена была открыта в 1935 году.

Валерий Чкалов

Он был словно рождён, чтобы летать. Мастер высшего пилотажа, Чкалов чувствовал себя в воздухе как в своей родной стихии, словно птица. На счету Валерия Чкалова много сложных авиатрюков. Чкалов не прекращал своей «воздушной акробатики», так как считал, что отлично владеет самолётом лишь тот лётчик, который способен извлечь из машины всё возможное.

Однажды Чкалов пролетел под аркой моста через Неву. Лётчику важно было убедиться в том, как слушается его самолёт и испытать, как ведёт он себя при выполнении столь трудного манёвра. Зато в годы Второй мировой войны не один лётчик спасся от преследования боевых машин противника, повторив чкаловский пролёт под мостом.

сентябрь 1939 г. — начало Второй мировой войны
22 июня 1941 г. — начало Великой Отечественной войны
сентябрь 1941 – апрель 1942 г. — битва за Москву

ВЕЛИКАЯ ОТЕЧЕСТВЕННАЯ

Вторая мировая война, которую развязала Германия, сначала не затронула СССР, но в большинстве стран Европы, захваченных немцами, был установлен фашистский режим — порядок, основанный на военной силе. Такая же участь в случае победы германского фашизма ждала и СССР.

Руководитель Германии Адольф Гитлер собирался стереть Советский Союз с лица земли, а население страны частью уничтожить, частью — превратить в рабов.

Война с фашистской Германией стала величайшим испытанием для всего советского народа, и народ это испытание выдержал. Но очень высокой ценой: огромным количеством человеческих жертв и невосполнимых потерь.

НАТИСК И ОТПОР

При Сталине в СССР большое внимание уделялось обороноспособности страны. Много сил и средств государство тратило на производство современных вооружений и военной техники. Даже в мирное время советские люди готовы были обходиться малым, отказывать себе в необходимом, лишь бы росла и приумножалась военная мощь советской родины!

Летом 1941 года гитлеровская Германия напала на СССР. Отразить удар врага не удалось. Сначала Красная армия отступала, и вскоре враг подошёл к столице страны — Москве.

Натиск врага был неудержим и страшен. Тысячи фашистских танков рвались к Москве, тучи самолётов нависли над советскими городами и сбрасывали смертоносные бомбы. Гитлеровцы заливали захваченные территории кровью, не щадя ни стариков, ни детей.

Гитлер заявлял, что закончит войну с Россией в течение нескольких недель. Но и под Брестом, и под Смоленском, Киевом, Ельней и Тулой враг продвигался с тяжёлыми боями и всюду встречал героическое сопротивление советского народа. А под Москвой гитлеровцы не только получили решительный отпор, но и потерпели от советских войск поражение, после которого были вынуждены отступить.

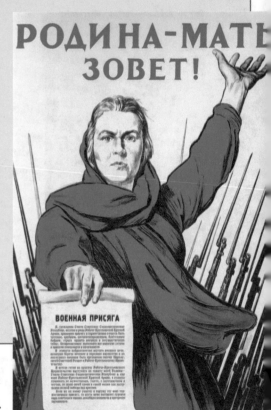

Родина-мать зовёт.
И. Тоидзе

Защитники Брестской крепости. П. Кривоногов

Фашист пролетел. А. Пластов

НА ЗАЩИТУ РОДИНЫ

Война с фашистской Германией вошла в историю страны как Великая Отечественная. Как и в 1812 году, на защиту Отечества поднялся весь народ, и народу принадлежит главная заслуга в том, что гитлеровцы не смогли завоевать Советский Союз.

В годы войны было сформировано более 6 тысяч партизанских отрядов. В их рядах насчитывалось более миллиона человек. Партизаны действовали в тылу врага, устраивали засады, совершали диверсии и смелые вылазки в лагерь противника. На счету советских партизан миллион убитых, раненых и взятых в плен фашистов, 4 тысячи выведенных из строя танков и бронемашин, 1100 самолётов, 20 тысяч пущенных под откос поездов, 1600 взорванных железнодорожных мостов.

Уже в первые дни войны сотни тысяч добровольцев вступили в ряды Советской армии и народного ополчения. Например, в народное ополчение Москвы вступило больше 120 тысяч человек, Ленинграда — около 160 тысяч.

Окраина
Москвы.
Ноябрь
1941 г.
А. Дейнека

Парад на Красной площади 7 ноября 1941 г. К. Юон.
Советские солдаты сразу после парада на главной
площади страны отправлялись воевать с фашистами.

сентябрь 1941 – январь 1944 г. — блокада Ленинграда
ноябрь 1942 г. — победа советских войск под
Сталинградом
июль – август 1943 г. — Курская битва

ДЕВЯТЬСОТ ДНЕЙ И НОЧЕЙ

Тяжелейшие дни переживал город Ленинград (так в советское время назывался Санкт-Петербург). Почти три года — девятьсот дней и ночей — город на Неве находился в осаде. Из-за блокады невозможно было подвозить в город продукты питания. Почти 850 тысяч человек умерли от истощения, холода, непрерывных бомбёжек и артиллерийских обстрелов.

Но фашистам не удалось сломить ленинградцев. Город выстоял, и ослабевшие, измученные от голода и холода люди, в которых едва теплилась жизнь, дождались того дня, когда блокада была прорвана.

Несмотря на блокаду, в городе продолжалась интеллектуальная жизнь. Работали школы, библиотеки, театры и кинотеатры, выходили газеты, не прерывало вещания радио.

Памятником героизму советского народа стала знаменитая «Ленинградская» симфония, которую композитор Дмитрий Шостакович написал в блокадном Ленинграде. Эта великая музыка впервые прозвучала в осаждённом городе в исполнении оркестра филармонии. Концерт транслировался по радио и по всем городским громкоговорителям.

На Неву за водой.
Из серии
«Ленинград в дни
блокады».
А. Пахомов

На улицах Сталинграда

Ленинградка.
1941 г.
Б. Угаров

ОТ СТАЛИНГРАДА ДО БЕРЛИНА

Поражение под Москвой и неудача под Ленинградом заставили фашистов повести наступление на юге СССР. Они подошли к городу Сталинграду на Волге. Создалась настоящая угроза того, что Москва и весь центр страны будут отрезаны от нефти Кавказа, а также от Урала и Сибири, где была сосредоточена оборонная промышленность страны.

Но великая Сталинградская битва закончилась разгромом врага. Немецкие войска (300 000 человек) попали в окружение. На поле битвы остались 147 000 убитых, многие гитлеровцы сдались в плен.

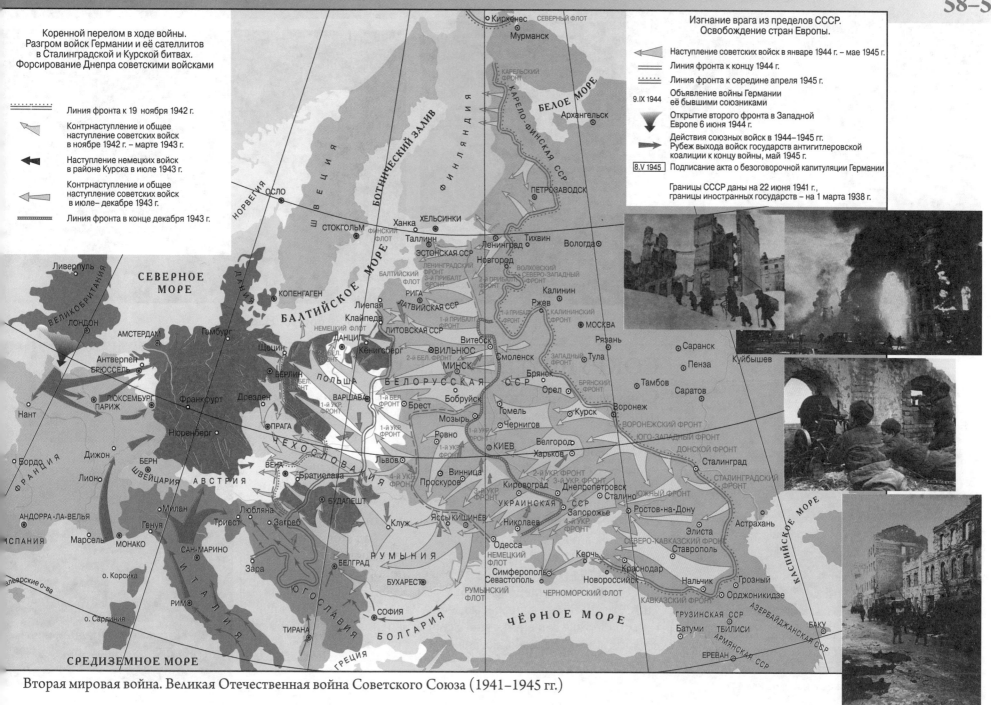

Коренной перелом в ходе войны.
Разгром войск Германии и её сателлитов в Сталинградской и Курской битвах.
Форсирование Днепра советскими войсками

Линия фронта к 19 ноября 1942 г.

Контрнаступление и общее наступление советских войск в ноябре 1942 г. – марте 1943 г.

Наступление немецких войск в районе Курска в июле 1943 г.

Контрнаступление и общее наступление советских войск в июле – декабре 1943 г.

Линия фронта в конце декабря 1943 г.

Изгнание врага из пределов СССР.
Освобождение стран Европы.

Наступление советских войск в январе 1944 г. – мае 1945 г.

Линия фронта к концу 1944 г.

Линия фронта к середине апреля 1945 г.

9.IX 1944   Объявление войны Германии её бывшими союзниками

Открытие второго фронта в Западной Европе 6 июня 1944 г.

Действия союзных войск в 1944–1945 гг.

Рубеж выхода войск государств антигитлеровской коалиции к концу войны, май 1945 г.

8.V 1945   Подписание акта о безоговорочной капитуляции Германии

Границы СССР даны на 22 июня 1941 г.,
границы иностранных государств – на 1 марта 1938 г.

Вторая мировая война. Великая Отечественная война Советского Союза (1941–1945 гг.)

Оборона Севастополя. А. Дейнека

Отдых после боя. Ю. Непринцев

Лётчик-истребитель Александр Покрышкин, достигший высочайшего лётного мастерства. Покрышкин участвовал в 156 воздушных боях и сбил 59 вражеских самолётов.

СОКРУШИТЕЛЬНЫЕ УДАРЫ

Следующие сокрушительные удары по немецко-фашистским захватчикам советские войска нанесли под Курском, Орлом, Белгородом.

Обстановка на советско-германском фронте кардинально изменилась. Началось неудержимое наступление Красной армии. Освободив Украину и Белоруссию, она стремительно продвинулась на запад и выступила за границы СССР. Через Польшу, Югославию, Чехословакию советские войска теснили гитлеровских захватчиков туда, откуда те пришли. И вскоре над столицей Германии Берлином взвилось победное красное знамя.

6 июня 1944 года в Европе открылся Второй фронт. Союзниками СССР по антигитлеровской коалиции стали Великобритания и США. Эти страны начали боевые действия в Нормандии (Франция). При поддержке сил внутреннего сопротивления они очистили от фашистских войск Францию, Бельгию, Люксембург, Голландию.

Письмо с фронта. А. Лактионов

Залп «катюши». «Катюшами» называли в народе артиллерийские установки

ПОЛКОВОДЦЫ ВЕЛИКОЙ ОТЕЧЕСТВЕННОЙ

В ходе боевых операций проявили себя советские полководцы и среди них прославленные маршалы Георгий Константинович Жуков, Константин Константинович Рокоссовский, Иван Степанович Конев. Именно они возглавляли войска на самых сложных фронтах и участках боёв, именно они руководили направлениями главных ударов по врагу.

Маршал
Георгий Жуков.
П. Корин

ИСТОРИЧЕСКИЙ ПОРТРЕТ

Маршал Жуков

Выдающегося полководца Георгия Константиновича Жукова называли маршалом Победы и советским Суворовым. В годы войны он был там, где советским войскам приходилось особенно тяжело. Почти каждая битва, которой командовал Жуков, кончалась для фашистов плачевно.

Жуков начал командовать фронтом в октябре 1941 года, когда фашистские войска рвались к Москве. Жуков возглавил советские ударные группировки, которые разорвали Ленинградскую блокаду. Жуков руководил Сталинградской битвой. Вместе с полководцами К.К. Рокоссовским и И.С. Коневым Жуков вёл советские войска на Берлин. В 1945 маршал Жуков принимал Парад Победы на Красной площади.

Жуков был окружён огромной народной любовью, он стал национальным героем и вошёл в историю как крупнейший полководец.

Маршалы Г.К. Жуков
и К.К. Рокоссовский
на Красной площади.
С. Присекин

Советский
маршал
И.С. Конев

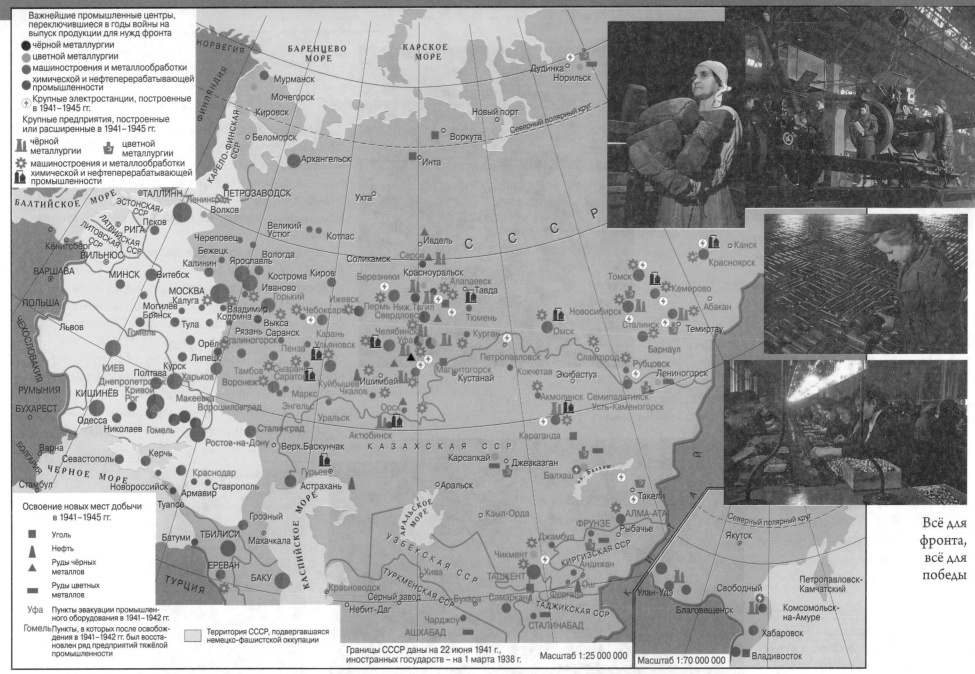

Важнейшие промышленные центры, переключившиеся в годы войны на выпуск продукции для нужд фронта
- ● чёрной металлургии
- ● цветной металлургии
- ● машиностроения и металлообработки
- ● химической и нефтеперерабатывающей промышленности
- ⚡ Крупные электростанции, построенные в 1941–1945 гг.

Крупные предприятия, построенные или расширенные в 1941–1945 гг.
- 🏭 чёрной металлургии
- 🏭 цветной металлургии
- ⚙ машиностроения и металлообработки
- 🏭 химической и нефтеперерабатывающей промышленности

Освоение новых мест добычи в 1941–1945 гг.
- ■ Уголь
- ▲ Нефть
- ▲ Руды чёрных металлов
- ▬ Руды цветных металлов

Уфа Пункты эвакуации промышленного оборудования в 1941–1942 гг.

Гомель Пункты, в которых после освобождения в 1941–1942 гг. был восстановлен ряд предприятий тяжёлой промышленности

Территория СССР, подвергавшаяся немецко-фашистской оккупации

Границы СССР даны на 22 июня 1941 г., иностранных государств – на 1 марта 1938 г. Масштаб 1:25 000 000

Масштаб 1:70 000 000

Всё для фронта, всё для победы

Тыл страны в годы Великой Отечественной войны

9 мая 1945 года

Восьмого мая фашистская Германия признала своё поражение и сдалась победителю. Гитлер и ещё несколько человек из фашистского правительства покончили жизнь самоубийством.

9 мая 1945 года СССР отмечал долгожданную победу. Этот памятный день стал для советских людей огромным всенародным праздником. Правда, как поётся в известной песне, праздником «со слезами на глазах», потому что очень высокой ценой досталась Советскому Союзу победа. В этой войне погибло 27 миллионов человек, в том числе 10 миллионов солдат.

США, Англия и Франция были союзниками СССР в войне с гитлеровской Германией и разделили с ним радость победы. Соединённые Штаты Америки помогали Советскому Союзу оружием, боеприпасами, продовольствием.

Знамя над Берлином

8 мая 1945 г. — подписан акт о безоговорочной капитуляции Германии
9 мая 1945 г. — День Победы советских войск над фашистскими захватчиками

Салют Победы. Б. Иогансон

Возвращение домой.
В. Костецкий

Конец. Кукрыниксы

Победители.
К. Антонов

ЭПОХА ПЕРЕМЕН

ВЕЛИКАЯ ДЕРЖАВА

Из Второй мировой войны Советский Союз вышел великой державой. Авторитет и влияние страны в мире были неоспоримыми, и друзей у СССР было значительно больше, чем врагов.

Но теперь советскому народу предстояла огромная и сложная работа — восстановить страну после войны. Разрушения были так велики, что восстановление могло занять многие годы. Нужно было поднимать из руин города и сёла, заново строить дома, предприятия, дороги. Для этого потребовались огромные героические усилия советских людей.

Страшные последствия минувшей войны давали о себе знать ещё долго. Но постепенно разруха была преодолена, из руин поднялись города, заработали предприятия, и к 50-м годам XX века народное хозяйство в основном вошло в нормальную колею.

Послевоенное устройство мира было во многом таким, на каком настоял И.В. Сталин.

В январе 1945 года в Ялте состоялась встреча, на которой собрались руководители трёх стран — победительниц в мировой войне: СССР, США и Великобритании. На этой встрече решилась судьба побеждённой Германии, а также судьбы стран всего мира.

У. Черчилль, Ф. Рузвельт,
И. Сталин. 1945 г.
Встреча в Ялте

1949 г. — испытание первой атомной бомбы в СССР

ПАМЯТНАЯ ДАТА

Отстаивая свои интересы, Советский Союз не скрывал, что располагает современным вооружением и большими военными силами. Вскоре после окончания войны СССР успешно провёл испытание атомной, а четыре года спустя — сверхмощной водородной бомбы.

ХРАМ НАУКИ

В 1949–1953 годах в Москве было построено новое здание Московского государственного университета. Его высота — 182 метра, а вместе со шпилем — 240. Это было самое высокое здание не только в советской столице, но до 1990 года и в Европе.

Новое здание МГУ

Высотное здание МГУ планировалась как храм науки. Этим подчёркивалось, какое большое значение придаётся в СССР развитию высшего университетского образования и подготовке квалифицированных научных кадров.

Здание МГУ — замечательный памятник архитектуры с красивым силуэтом и эффектной пространственной композицией. Величавость и торжественность ансамбля сочетаются со строгой нарядностью и скульптурностью. МГУ заслуженно стал объектом культурного наследия общенационального значения.

Здание было предназначено для учебного процесса и научных исследований, оснащено лабораториями, мастерскими, площадками для экспериментов.

ИСТОРИЧЕСКИЙ ПОРТРЕТ

Сергей Королёв

Основоположником практической космонавтики стал советский учёный и конструктор в области ракетостроения Сергей Павлович Королёв. В начале 1930-х годов Королёв приступил к проектированию ракет и возглавил специальный отдел в Аэродинамическом институте.

В 1939 году была запущена крылатая ракета, созданная Королёвым, а через год на его ракетоплане поднялся в воздух лётчик В.П. Фёдоров.

Королёв разрабатывал жидкостные ракетные ускорители для боевых самолётов. Он руководил работами по созданию баллистических ракет, а с 1956 года стал главным конструктором ракетно-космической техники.

Сергей Королёв и коллектив, которым он руководил, создали ракеты-носители и космические корабли «Восток» и «Восход». На космическом корабле, построенном советскими конструкторами, в 1961 году полетел в космос первый космонавт Юрий Гагарин. С.П. Королёв участвовал в разработке искусственных спутников Земли и Солнца, автоматических станций, запущенных к Луне, Венере, Марсу, а также аппаратов для посадки на Луне.

4 октября 1957 г. — запуск первого искусственного спутника Земли

12 апреля 1961 г. — полёт Ю.А. Гагарина в космос

ИНТЕРЕСНЫЕ ФАКТЫ

Космический малютка

Симпатия к СССР как стране передовой науки и техники очень возросла благодаря грандиозным успехам в освоении космоса. Сначала весь мир узнал русское слово «спутник». Советский спутник Земли —

Первый искусственный спутник Земли

небольшой, в виде шара, летательный аппарат с отходящими от него лучами-антеннами — произвёл настоящий фурор. Впервые в истории человечества в космос было запущено земное тело. Весило оно чуть больше восьмидесяти килограммов, но с высоты почти тысяча километров этот космический малютка — движущаяся светящаяся точка на ночном небе — был хорошо виден. А ещё радиопередатчик спутника посылал через равные промежутки времени короткие звуковые сигналы, которые мог принимать и слушать весь мир.

Ю. Гагарин. А. Шилов

ПАМЯТНАЯ ДАТА

Первый землянин

Сенсацией стал полёт в космос первого землянина Юрия Алексеевича Гагарина. Это событие произошло 12 апреля 1961 года. Люди разных стран без труда научились выговаривать русское имя и фамилию и очень хотели своими глазами увидеть советского космонавта. Всюду его с нетерпением ждали и восторженно приветствовали. 12 апреля в России отмечают праздник — День космонавтики.

Запуск корабля «Восток»

НА ИСХОДЕ ВЕКА

С каждым годом для того чтобы сохранить за собой положение великой державы, Советскому Союзу требовалось всё большее напряжение сил. Последний советский руководитель Михаил Сергеевич Горбачёв пытался обновить Советский Союз. С его именем связана попытка реформ, вошедших в историю под названием *перестройка*.

На международной арене Горбачёв выступил со множеством мирных инициатив. Например, были уничтожены советские и американские военные ракеты, объявлен мораторий на испытание ядерного оружия. Главные усилия были направлены на защиту общечеловеческих ценностей и мира во всём мире. Это новое политическое мышление нашло понимание в большинстве государств планеты.

> 1991 г. — СССР распался

Горбачёв стремился преодолеть кризис, который поразил Советский Союз. Разработанный план ускорения социально-экономического развития страны, однако невозможно было реализовать — слишком многое предстояло в короткие сроки изменить и обновить, осуществить переход к рыночным отношениям и частному предпринимательству. Первые шаги в этом направлении были сделаны, но в ходе преобразований М.С. Горбачёв встретил сильное сопротивление и потерял рычаги управления страной. Перестроить СССР не удалось, и он распался.

ПАМЯТНАЯ ДАТА

12 декабря 1993 года в России была принята Конституция — основной закон, определяющий жизнь страны.

Согласно Конституции, Россия — федерация, то есть объединение равноправных территорий. В составе Российской Федерации (сокращённо РФ) 21 республика, шесть краёв, 49 областей, два города федерального значения (Москва и Санкт-Петербург) и пять самоуправляемых национальных образований: одна область и четыре округа.

Герб и флаг России

РОССИЙСКАЯ ФЕДЕРАЦИЯ

СССР перестал существовать. Входившие в него союзные республики стали независимыми государствами. 12 июня 1990 года была принята Декларация о суверенитете России.

Это не значит, что история России началась с чистой страницы. Современная Россия — наследница Древней Руси, Московского государства, Российской империи, СССР. Не случайно герб страны — двуглавый орёл, известный со времён Ивана Третьего, трёхцветное бело-сине-красное знамя напоминает о величии и славе Российской державы при Александре Третьем, а государственный гимн — об эпохе СССР.

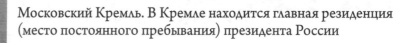

Московский Кремль. В Кремле находится главная резиденция (место постоянного пребывания) президента России

КРУПНЕЙШЕЕ НА ПЛАНЕТЕ

Россия — крупнейшее по своей территории государство на планете. Она занимает примерно одну девятую часть земной суши, более половины Европы и весь северо-восток Азии.

Россия — мировой рекордсмен по числу граничащих с ней государств. На суше она имеет границы с четырнадцатью странами, а морские границы — с двенадцатью. Самая короткая (39 км) граница России с Северной Кореей, самая длинная (7599 км) — с Казахстаном. Соседи РФ — Норвегия, Финляндия, Эстония, Литва, Латвия, Польша, Украина, Беларусь, Грузия, Азербайджан, Казахстан, Северная Корея, Монголия и Китай. С Японией и США у России только морская граница.

Глава государства — всенародно избираемый президент. Первым российским президентом был Борис Николаевич Ельцин.

Законодательную власть в стране осуществляет Федеральное Собрание, или парламент. Он состоит из двух палат: нижней — Государственной думы и верхней — Совета Федерации.

Рабочий орган управления страной — Правительство РФ во главе с его председателем.

В XXI век Россия вступила как обновлённое государство. Это заметно даже по облику современной Москвы. Парад небоскрёбов в одном из центральных районов столицы (Москва-Сити), монорельсовое сообщение, транспортные развязки, офисные здания в стиле хай-тек и гигантские торговые центры придали старинному городу вид постиндустриального мегаполиса.

Однако обновление проявляется и в другом. Теперешняя Россия становится всё более открытым государством, где секретность и непубличность уходят в прошлое и как норма утверждаются гласность, прозрачность, подотчётность властных и силовых структур гражданскому обществу. Интеграция в мировую экономику и вступление во Всемирную торговую организацию (ВТО)* способствуют ускорению процесса модернизации РФ, освоению новейших высоких технологий и инноваций.

---

* **Всеми́рная торго́вая организа́ция** (ВТО) — международная организация, созданная в 1995 г. с целью международной торговли и регулирования торгово-политических отношений государств-членов.

Дом правительства Российской Федерации в Москве

Здание Государственной думы РФ

Монорельсовая железная дорога в Москве

На мысе Дежнёва. Мыс Дежнёва на Чукотском полуострове — самая восточная точка России. Самая западная точка находится недалеко от города Балтийска в Калининградской обл. Самая северная — это мыс Челюскин на полуострове Таймыр в Восточной Сибири, а крайняя южная — гора Базардюзю на границе с Азербайджаном

УДК 811.161.1
ББК 81.2 Рус-96
С60

Соловьёв, В.М.

С60   **История России в фактах, датах, иллюстрациях**: Учебное пособие для изучающих русский язык как иностранный / В.М. Соловьёв. — М.: Русский язык. Курсы, 2013. — 68 с.

ISBN 978-5-88337-307-6

Книга представляет собой подборку рассказов о наиболее ярких и интересных событиях русской истории, о памятных датах, о выдающихся личностях, сыгравших важную роль в биографии страны.

Большой фактический материал книги позволяет получить системное представление о ходе российской истории.

В книге собрано множество иллюстраций: произведения русских живописцев, редкие фотографии, различные карты.

Предназначена иностранцам, изучающим русский язык, учащимся общеобразовательных школ России, детям наших соотечественников, проживающим за рубежом. Книга будет полезна учителям русских и зарубежных школ, и всем, кто интересуется русской историей и культурой.

ISBN 978-5-88337-307-6

Учебное издание

Соловьёв Владимир Михайлович

История России в фактах, датах, иллюстрациях

Учебное пособие для изучающих русский язык как иностранный

Редактор: *Н.О. Козина*
Бильдредактор: *Н.В. Канурина*
Корректор: *И.А. Прудникова*
Макет и вёрстка: *Е.П. Бреславская*

Подписано в печать 14.12.12. Формат 60×84/8
Объём 8,5 п. л. Тираж 2000 экз. Зак. 2390.

Издательство ЗАО «Русский язык». Курсы
125047, Москва, 1-я Тверская-Ямская ул., д. 18
Тел./факс: +7(499) 251-08-45, тел.: +7(499) 250-48-68
e-mail: rkursy@gmail.com; ruskursy@gmail.com;
russky_yazyk@mail.ru; ruskursy@mail.ru
www.rus-lang.ru

Отпечатано с готового оригинал-макета издательства
в ОАО «Областная типография «Печатный двор»,
432049, г. Ульяновск, ул. Пушкарёва, д. 27